W0177587

Reiten im Einklang mit mir selbst

Ilona Kröger • Christine Uhl-Kutsch

Reiten im Einklang mit mir selbst

- Kinesiologie
- Energiearbeit
- Reiki

KOSMOS

Bildnachweis
20 Bildtafeln mit 44 Farbabbildungen von Christine Uhl-Kutsch, Ilona Kröger, Gerd Egge und Werner Kutsch, Kiel.

Impressum
Umschlag von eStudio Calamar unter Verwendung von zwei Farbfotos von Christine Uhl-Kutsch und Werner Kutsch.

Mit 44 Farbfotos und 1 Farbillustration.
Die Illustration „Verhaltensbarometer" auf S. 108 ist entnommen aus Gordon Stokes/ Daniel Whiteside, Tools of the Trade, © VAK 1997.

Bibliografische Information Der Deutschen Bibliothek
Die Deutsche Bibliothek verzeichnet diese Publikation in der Deutschen Nationalbibliografie; detaillierte bibliografische Daten sind im Internet über http://dnb.ddb.de abrufbar.

Alle Angaben und Methoden in diesem Buch sind sorgfältig erwogen und geprüft. Sie entbinden den Pferdehalter und Reiter nicht von der Eigenverantwortung für sein Tier und sich selbst. Die in diesem Buch beschriebenen Vorgehensweisen und Techniken dienen Informations- und Übungszwecken, sie sind nicht als individuelle Diagnose oder Therapieempfehlung gedacht. Die hier beschriebenen Techniken sind kein Ersatz für eine professionelle und therapeutische Behandlung bei psychischen und gesundheitlichen Problemen. Die Anwendung der vorgestellten Methoden liegt in eigener Verantwortung. Der Verlag und die Autorinnen übernehmen keine Haftung für Personen-, Sach- oder Vermögensschäden, die aus der Anwendung der vorgestellten Materialien und Methoden entstehen.

Gedruckt auf chlorfrei gebleichtem Papier

ISBN 3-440-09488-X
Redaktion: Alexandra Haungs
Produktion: Kirsten Raue, Claudia Kupferer
Printed in Czech Republic / Imprimé en République Tchèque

Inhalt

Wie Mensch und Pferd gemeinsam wachsen können

Am Anfang schuf Gott Himmel und Erde, das Meer und die Pflanzen. Dann wandte er sich den Wesen zu, die sich bewegen können. Die Wasser bevölkerte er mit Fischen und schuf alle erdenklichen Arten von Tieren, solche die durch die Lüfte fliegen und solche, die durch alle Lande wandern. Und vielleicht dürfen wir es uns so vorstellen: Noch bevor Gott den Menschen erschuf, der nicht in der Lage sein würde, sich so schnell fortzubewegen, entschied er, dass der Mensch einen Nutzen haben könnte von den Tieren, die geritten werden können. Pferde gehörten zu seinen wundervollsten Kreaturen. Und so lernten Menschen und Pferde zusammen zu leben und geschwind miteinander zu reiten.

Es ist schon viele Jahre her, da nahmen meine Frau Carolyn und ich ein ziemlich großes Quarter-Horse namens Styles in unsere Familie auf. Im ersten Jahr durchlebte Carolyn oben auf seinem mächtigen Rücken immer wieder Angst und Schrecken. Aber in einem Zusammenspiel aus Beharrlichkeit, gesundem Menschenverstand, tiefem Respekt für die wachsende Beziehung zu Styles und durch verschiedene energetische Techniken konnte sie diese Hindernisse überwinden. Heute erfreut sie sich einer guten Beziehung zu ihrem Pferd. Während Styles (zum Glück) viel größer und kräftiger ist als sie, scheint er gemerkt zu haben, dass sie nun sicher, entschlossen und fürsorglich die Verantwortung trägt – er scheint diese Beziehung zu akzeptieren und zu schätzen. Sowohl Styles als auch Carolyn haben sich durch diese Auseinandersetzung miteinander positiv weiterentwickelt. Auch ich hatte mich durch meine The-

men durchzuarbeiten, die bei mir durch den Kontakt zu Pferden ans Licht getreten sind. Unter anderem war da die Angst, beim Reiten vom Pferd zu fallen und die Angst davor, dass ein Pferd mir gegenüber aggressiv werden könnte. Inzwischen haben wir drei Pferde und beides – energetische Psychologie und ein gesunder Menschenverstand haben uns zu einem vertrauensvollen und genüßlichen Zusammenleben und Reiten mit den Pferden geführt. Ich glaube daran, dass uns die Beziehung zu den Pferden dabei geholfen hat, uns zu besseren Menschen zu entwickeln.
Ilona Kröger und Christine Uhl-Kutsch haben ein ausgesprochen großartiges Buch darüber geschrieben, wie Sie Ihre Beziehung zu Pferden verbessern können – wie Sie Ängste, Befürchtungen und andere Blockaden auflösen, um eine wundervolle Zeit beim Reiten und in der Gegenwart von Pferden zu haben. Und in diesem Prozess werden Sie sich auf eine Art und Weise weiterentwickeln, wie Sie sich das noch nicht vorstellen können. Sie werden als Persönlichkeit wachsen, indem Sie Themen verstehen und Probleme lösen werden, die im Umgang mit dem Pferd auf einfache Weise angestoßen wurden.
Die beiden Autorinnen haben einige der energetischen Techniken, die ich sowohl für professionelle therapeutische Arbeit als auch für Laien entwickelt und veröffentlicht habe, sowie andere sehr wirkungsvolle Techniken aus der Kinesiologie auf das wichtige Arbeitsfeld der Reitbahn ausgedehnt. In „Reiten im Einklang mit mir selbst" stellen sie Methoden und Techniken vor, die sie bereits erfolgreich bei ihren Klienten anwenden und damit Probleme, vor allem Angst und Stress, beim Reiten überwinden. Dabei erhellen die Autorinnen auch die Unterschiede zwischen Mensch und Pferd in Hinblick auf die Angstreaktion und wie man zu einem tieferen gegenseitigen Verständnis kommen kann, was wir „equine-energy", Pferde-Energie nennen mögen.

Ich habe allen Grund zu glauben, dass Sie vom Lesen dieses wundervollen, praktischen Buches profitieren werden. Ich freue mich zu sehen, dass dieses Wissen über energetische Prozesse und Techniken in den Bereich des Reitens sowie der Reittherapie gebracht wurde. Nicht nur Sie werden diese Weisheit zu schätzen wissen, ich habe das Gefühl, dass auch die Pferde daran Gefallen finden werden.

Fred P. Gallo, Ph.D.

Die energetische Psychologie hat sich in den USA seit längerem verbreitet und in unterschiedlichsten Praxisfeldern etabliert. Fred P. Gallo ist einer der führenden Vertreter dieses faszinierenden Ansatzes.

Unser Dank

Wir danken Momo, Jimmy, Sonny, Jeremy, Mara und Mia, ohne sie und ihre geduldige und aufmerksame Mitarbeit wäre diese Arbeit für die Reiter nicht möglich.
Wir danken all unseren Schülern und Klienten, sie haben uns teilhaben lassen an diesen oft spannenden und aufregenden Entwicklungen, die wir mit ihnen erarbeiten durften.
Danke an Marion Janser und Christine Trepkau, dass wir die herrlichen Bilder von einem wunderschönen Nachmittag in diesem Buch veröffentlichen durften.
Michael Schalla für das Fallbeispiel aus der physiotherapeutischen Praxis. Durch seine aufgeschlossene Art für neue Methoden bekamen wir einen erweiterten Blick für unsere

„blockierten“ Reiter und einen Partner für unser Netzwerk der Energiearbeit.
Unserer Lektorin Alexandra Haungs, dass sie sich ohne zu zögern unseres Buches angenommen hat, und dies mit einer Begeisterung, die uns verstärkt motiviert hat weiterzuschreiben.
Ganz besonders möchten wir unseren Freunden Ute Sievertsen und Gerd Egge danken, sie waren mit Herz und Verstand immer dabei, egal ob es ums Korrekturlesen, Fotografieren oder Reiten ging. Gerd haben wir viele schöne Bilder in diesem Buch zu verdanken.
Wir danken Fred P. Gallo dafür, dass er sich so ausführlich mit unserem Buch beschäftigt und sich die Zeit genommen hat, dieses Vowort für uns zu schreiben. Ein Dankeschön auch an Ute Sievertsen und Ulrike Junghans für die Mitarbeit an der Übersetzung des Vorworts von Fred P. Gallo.

Ilona sagt Danke

Zuallererst möchte ich meiner Mutter, Frau Hannelore Kröger, danken, die mit viel Geduld und Verständnis meine ganzen Wege und Wirrungen mitgemacht hat, die immer gesagt hat, wenn Du meinst, dass Du das tun musst, dann unterstütze ich Dich dabei.
Genauso meinem Freund, Reiner Hoppenworth, der mich ganz ohne Pferde kennen gelernt hat und der mir immer glaubhaft versichert hat, dass es mit mir nie langweilig wird.
Ich danke auch meinem Freundeskreis; viele waren da, wenn ich mal wieder etwas Neues ausprobieren wollte oder bei etwas Hilfe und Unterstützung brauchte.
Und ich danke Christine dafür, dass sie mit mir diesen Weg gegangen ist, dieses Buch zu schreiben und alle Höhen und Tiefen mitgemacht und mich nie im Stich gelassen hat. Durch sie habe ich vieles neu gelernt, sie hat mich darin unterstützt, meinen Weg zu finden und zu gehen.

Christines Dank und Widmung

Meinem Mann Werner, der für Fotozwecke sogar aufs Pferd stieg und uns nicht nur bei unserer Fotosession mit gutem Blick zu schönen Bildern verholfen hat, sondern auch für meine Häuserserie wertvolle Bilder und Ideen beigesteuert hat. Danke für die beständige Erinnerung, bei all der Arbeit für das Buch den Einklang mit mir selbst nicht zu übersehen.
Meinen Söhnen Conrad und Jakob, die es immer auch klasse fanden, dass ihre Mutter ein Buch schreibt, auch wenn sie das eine oder andere mal selbst die Kochtöpfe füllen mussten. Aus eigener Erfahrung konnten sie mir helfend und mit gutem Zuspruch bei meinen Computerabstürzen zur Seite stehen.
Ich danke meinen Eltern, die mir gleich von beiden Seiten soviel Energie und Tatkraft mit auf den Weg gegeben haben. Ohne diese Kraft und Lebensfreude hätte unsere Arbeit nie stattgefunden.
Ich danke Ilona, dass sie mir die schlichte Mitteilung machte, wo ich die ersten Seiten unseres Buches finden würde, und so unserer Idee den entscheidenden Antrieb zur Realisierung gab. Ich habe viel gelernt in dieser Zeit, vor allem aber, was Freundschaft bedeutet.
Danke auch an meine ersten Lehrer der Kinesiologie. Ganz besonders erwähnen möchte ich dabei Brigitte und Gerhard Allroggen sowie Daniel Whiteside von Three In One Concepts.
Ich möchte dieses Buch meiner Nichte Miriam widmen, verbunden mit dem Wunsch, dass sie ihr Leben im Einklang mit sich selbst leben kann.

Damit Sie wissen, von wem im Folgenden die Rede ist: Dies sind Ilonas Pferde, die in diesem Buch eine wichtige Rolle spielen.

Momo, die Unerschütterliche

Jimmy, die Wolke

Sonny, die Prinzessin

Jeremy, das Hasenherz

Mia, das Rehlein

Die Autorinnen gut gelaunt im Einsatz (links Christine Uhl-Kutsch, rechts Ilona Kröger)

Testen …

Stress auflösen …

… rauf auf Jimmy

Verschiedene Welten – über Menschen und Pferde und ihren Weg zueinander

Es sind viele Bücher über Pferde und über das Reiten auf dem Markt, erfreulicherweise sind immer mehr Reiter auf der Suche nach anderen Wegen mit dem Pferd und informieren sich. Alte Klassiker werden wieder hervorgeholt, aber auch neue und alternative Ansätze werden bekannter. Wir Reiter wissen inzwischen genau, wie die Rangordnung auszusehen hat oder der klassische Balancesitz. Das Problem ist nur, dass zwischen „Wissen" und „Handeln" ein himmelweiter Unterschied besteht.

Zwei Beispiele:
In den Büchern heißt es: „Nähern Sie sich selbstbewusst und konsequent dem Pferd, damit es Sie als Leittier akzeptiert". Nur hatten wir gerade an diesem Tag eine schwere Auseinandersetzung mit dem Chef, der uns zusammengefaltet und uns erklärt hat, wie dumm und unfähig wir doch sind. Obwohl wir eigentlich wissen, dass das nicht so ist, wirkt diese „Energie" noch nach. Und natürlich bemerkt es das Pferd. (Pferde merken alles!)
Der Reitlehrer fordert Sie je nach Temperament mehr oder weniger lange geduldig auf, doch endlich einmal die Hände ruhig zu lassen. „Lassen Sie die Schultern doch einfach mal locker!" Sie wissen, er hat Recht und fühlen sich unfähig und überlegen wieder einmal, ob Sie sich lieber einen Tennisschläger zulegen sollten. Wie sollen Sie die Schultern locker lassen, wenn sich aufgrund von Stress die Nackenmuskulatur schon chronisch verspannt hat? 90 % aller Leute kennen das zumindest zeitweise. Wenn man durch Gespräche und über den kinesiologischen Muskeltest an das herankommt, was uns da „im Nacken sitzt", und durch verschiedene stresslösende Techniken wie

kinesiologische Übungen und Stressablösungen, Gespräche, Essenzen, Bachblüten, homöopathische Mittel etc. loslassen kann, werden die Schultern locker und damit die Hände ruhiger.

Viele sehr gute Bücher beschäftigen sich mit der Ausbildung des Pferdes oder dem Sitz des Reiters. Über die Seele, die Psyche des Reiters wird wenig gesagt. Dabei kann man Körper, Geist und Seele nicht voneinander trennen. Das, was wir in unserer Seele fühlen, zeigt sich auch in unserem Körper, und unsere Körperhaltung beeinflusst wiederum unsere Psyche. Deshalb ist es wichtig, das Reiten ganzheitlich zu betrachten. Zu wissen, wie die richtige Schenkellage sein soll oder wie die Hilfe gegeben wird, reicht nicht aus, wenn die Seele etwas ganz anderes braucht. Wir reiten auch nicht nur, um uns sportlich zu betätigen, das könnten wir anders sehr viel billiger haben, sondern wir reiten auch für uns, für unsere Seele. Deswegen ist es so wichtig, auch der Psyche beim Reiten Beachtung zu schenken. Man kann reiterliche Probleme viel leichter auf der Ebene lösen, auf der sie entstehen. Haben wir verkürzte oder zu schwache Muskeln, müssen wir daran arbeiten. Wissen wir zu wenig über Pferde, über ihr Verhalten und ihre Ausbildung, können wir Bücher lesen oder Seminare besuchen. Aber es ist auch wichtig zu sehen, was unsere Seele für das Reiten braucht. Wenn etwas mit uns und unserem Leben nicht stimmt, sendet der Körper Alarmsignale, um uns zu erinnern und uns aufzufordern, etwas zu verändern. Diese Signale gehen erst wieder weg, wenn der Auslöser beseitigt ist. Wird am Symptom, sprich an den wackelnden Händen, gearbeitet, geht dieses Signal vielleicht weg, aber ein neues tritt an anderer Stelle auf. Erst, wenn die Ursache verändert wird, ist das Alarmsignal nicht mehr notwendig und löst sich auf. Es ist, als wenn die Öllampe beim Auto blinkt. Wir würden auch nicht die Lampe herausdrehen, sondern die Ursache, den Ölmangel, beseitigen.

Beim Umgang mit dem Pferd kommunizieren wir auf der körperlichen Ebene. Alles, was in uns vorgeht, uns beschäftigt, was wir erlebt haben, zeigt sich in unserem Körperausdruck, und den lesen die Pferde bis in das kleinste Detail.
Ihr Überleben hängt davon ab, sich einen klaren und kompetenten Chef zu suchen. Doch was können wir tun, um das zu werden?
Wenn wir dahin kommen, mit uns selbst im Einklang zu sein, uns „selbst bewusst" zu sein, zumindest ein bisschen mehr von unserer Zeit, dann tun wir auch etwas für unsere Pferde, etwas für das harmonische Miteinander. Das ist jedoch der Weg, nicht das Ziel.

Ein Hasenherz und was wir von ihm lernen können

Mein erstes Pferd heißt Jeremy. Ich lernte ihn kennen, da drohte ihm der Schlachter. Er war extrem schreckhaft, ist durchgegangen und gestiegen, man konnte ihn weder anbinden noch in Ruhe führen. Ich begann, mich um ihn zu kümmern und mit ihm zu arbeiten nach den Methoden von Linda Tellington-Jones. Er wurde vertrauensvoller und machte Fortschritte und kurzerhand kaufte ich ihn. Meine Idee war, ihn ohne Druck so zu behandeln, als wäre er ein junges Pferd, und ihm in Ruhe eine Sache nach der anderen beizubringen. Das ging eine Weile gut, bis er sich doch erschreckt hat und mit mir durchgegangen ist.
Ich war so schnell unten, ich wusste gar nicht, wie mir geschah. Ich musste natürlich wieder aufsteigen und bin prompt das zweite Mal heruntergefallen. Mit Hilfe habe ich mich ein drittes Mal auf ihn gesetzt und diesmal blieb ich einige Momente oben. Aber mein Vertrauen in das Pferd war natürlich hinüber. Mir war klar, ich konnte nicht einfach wieder aufsteigen, meine Angst war inzwischen so groß und ich war so angespannt, dass

klar war, es würde wieder etwas passieren. So fing ich wieder mit Bodenarbeit an. Das ging an die vier Monate so. Da habe ich von meiner Arbeitsstelle aus eine Fortbildung in Neurolinguistischem Programmieren gemacht. Der Dozent fragte in die Runde, ob jemand sich mit einem „kleinen“ Problem als Demonstration zur Verfügung stellen würde. Das habe ich gemacht, denn mir war klar, nur mit Reitunterricht würde ich nicht weiterkommen. Er hat also mit mir gearbeitet (einige von den Methoden benutze ich bis heute), und ich bin abends in den Stall gefahren und war so sicher, dass alles gut gehen würde, dass natürlich auch alles gut ging. Ich bekam eine Ahnung, was die Psyche beim Reiten bewirken kann, im Guten wie im Schlechten. Daraus entstand ein Seminarkonzept, das ich „Reiten mit inneren Bildern“ nannte. (Dazu später mehr.) Ich musste also an mir arbeiten, und ich musste Wege finden, um für Jeremy etwas zu tun.

Es wurde um eine Kiste Sekt gewettet, dass ich dieses Pferd niemals würde reiten können. Ich setzte mich mit allem Möglichen auseinander, angefangen von richtiger Fütterung und Haltung über Wege der Pferdeausbildung bis hin zu alternativen Methoden, „Spökenkram“, wie ich damals fand. Dabei lernte ich einen Tierarzt kennen, der ausschließlich mit Akupunktur arbeitet. Ich besuchte und interviewte ihn, um einen Artikel über Akupunktur bei Pferden zu schreiben, und fragte immer wieder nach Beispielen. „Wenn ein Pferd das und das macht, was könnte das sein, wie würden Sie vorgehen?“ Er bekam natürlich schnell mit, dass ich ein bestimmtes Pferd im Sinn hatte. Kurz und gut, er hat Jeremy vielleicht drei oder vier Mal behandelt und es ging steil bergauf mit ihm. Durch diesen Erfolg ermutigt, bat ich eine Kinesiologin um Rat, die mir vom kinesiologischen Muskeltest berichtet hatte. Ich, damals eine junge kräftige Reiterin, meinte, das wollen wir doch mal sehen, ob ich meinen Arm werde halten können. „Spökenkram“, wie

gesagt. Ich konnte ihn nicht halten, er fiel manchmal sogar einfach herunter. Wir haben Jeremy über mich getestet, er bekam Bachblüten und eine Narbenentstörung und blühte auf. Ich begann dann, die Kinesiologie für mich zu entdecken, lernte selbst das Testen und schleppte meine Kinesiologin mit zu meinen Pferden. Das war natürlich Christine. Daraus ist eine langjährige Zusammenarbeit geworden. Wir testen die Pferde, wir testen meine Reitschüler und Klienten, und Christine bringt ihre Klienten mit zu den Pferden.
Ohne die Kinesiologie wäre ich heute nicht da, wo ich jetzt bin, weder reiterlich, noch menschlich, noch beruflich. Ich habe als kleine Elfjährige angefangen zu reiten, schüchtern, linkisch, eher unsportlich. Man setzte mich damals auf ein für mich riesiges Pferd mit Namen Melinda, und ich sollte gleich in der ersten Stunde in der Abteilung mitreiten. Ich hatte an zehn Fingern neun Blasen vom Festhalten, war aber sooo stolz. Es war klar, dass ich reiten wollte. Ich lebte für diese eine Reitstunde in der Woche, war immer im Stall, hab gemistet, geputzt, alles gemacht, um nur bei den Pferden sein zu können. Sie haben mich durch meine Jugend „getragen“. Dabei war ich immer fest davon überzeugt, ich bin überhaupt nicht begabt für das Reiten und habe immer nur die Großen bewundert, die die Privatpferde reiten durften. Aus heutiger Sicht war da nichts Erstrebenswertes dabei, da wurden Schlaufzügel eingesetzt, die Pferde mit Gerte und Sporen zusammengeknallt, die „Böcke“ sollten endlich mal laufen. Aber damals war es für mich der Inbegriff von Reitenkönnen. Mein allergrößter Traum waren Lederreitstiefel. Heute hasse ich es, in Lederreitstiefeln zu reiten, weil ich das Pferd nicht so gut fühlen kann. Ich bin meine ganze Jugend geritten, zum Teil drei Mal die Woche, aber so rechte Fortschritte habe ich nicht gemacht. Bis ich als Studentin eine Frau kennen gelernt habe, die eine Reitbeteiligung suchte. Ich sollte mir das Pferd einfach mal anse-

hen, wurde aber vorgewarnt, sie würde anders reiten als herkömmlich üblich. So bin ich nach Sehestedt gekommen. Es öffnete sich eine andere Welt für mich, die Pferde kamen immer raus, es gab keine Reithalle, dadurch musste man sich auch andere Sachen einfallen lassen, als nur zu reiten. Die Reitbeteiligung habe ich nicht genommen, aber die Reitlehrerin Anne Wnuck kennen gelernt. Sie hat mich an die Longe genommen, meine ersten (!) Longenstunden in meinem Leben, und mir von Anfang an erklärt, wie mein Sitz sein soll, wie ich mich mit dem Pferd bewegen kann und wie ich die Hilfen geben soll. Und es funktionierte! Vielen Dank Anne, vielen Dank auch Golkonda, ich hatte das Gefühl, ich fange an, reiten zu lernen. Ich war auf einmal nicht mehr zu „blöd“ zum Reiten, niemand hatte mir auch nur ansatzweise das Reiten richtig erklärt.

Durch die Kinesiologie hat sich nicht nur mein Reiten verändert, fast wichtiger noch finde ich, dass sich mein Kontakt, meine Beziehung zu meinen Pferden verändert hat.

Ich bin den Weg gegangen und gehe ihn immer noch, an mir selbst zu arbeiten, mich mit meinen Pferden weiterzuentwickeln. Dies ist manchmal schwierig und anstrengend und ich weiß noch nicht, wohin es mich trägt, aber es ist doch wunderschön und lohnenswert.

Stress adieu: Körper und Seele in Balance

Dieses Buch beschäftigt sich hauptsächlich mit der Psyche beim Reiten und wie wir für die Balance von Körper und Seele etwas tun können. Um Stress aufzulösen und neue Wege zu eröffnen, bedienen wir uns der Kinesiologie und der energetischen Psychologie.

Aufgrund unserer langjährigen Erfahrung wissen wir, dass Kinesiologie und energetische Psychologie sehr viel bewirken

und bewegen kann, genauso, wie der Umgang mit Pferden es auch tut.
Dieses Buch will Sie ermutigen, den Ansatz der Energiearbeit kennen zu lernen und einzusetzen. Es soll informieren und dokumentieren, aber auch anleiten, selbst weiterzuarbeiten.
Wir wollen mit unserer Begeisterung Reiter anstecken, andere, ganzheitliche Wege zu gehen, zum Wohl von Mensch und Tier.
Es geht darum, dass sich zwei Lebewesen begegnen, die sowohl aufgrund ihrer Evolution andere Instinkte haben als auch eine persönliche Geschichte und eine eigene Persönlichkeit. Die Vielschichtigkeit der Beziehung von Mensch und Pferd soll aufgezeigt und unterschiedliche Bedürfnisse dargelegt werden. Schwierigkeiten und Probleme, die wir als Reiter haben, können wahrgenommen und gelöst werden, damit wir den Pferden im Einklang mit uns selbst begegnen.

Menschliche Grundlagen

Die Psyche beim Reiten oder fast wie im richtigen Leben

Es sind viele Bücher geschrieben worden über den richtigen Reitstil und den passenden Sitz. Viele Reiter informieren sich und bemühen sich redlich, den Idealen ein Stück näher zu kommen. Dabei wird außer Acht gelassen, dass wir als Menschen mit unserer Geschichte und unserer Persönlichkeit auf dem Pferd sitzen.

Es ist völlig unmöglich, sich einem Standard anzupassen, ohne die eigene Individualität aufzugeben. Bei einer solchen Anpassung geht unser eigenes inneres Licht verloren.

Wir müssen mit unseren körperlichen, seelischen und geistigen Möglichkeiten unser eigenes Ideal entwickeln.

Wir wissen genau, wie die richtige Schenkellage sein soll. Trotzdem rutschen die Beine nach oben und wir verlieren die Steigbügel. Das kann unterschiedliche Ursachen haben: Wenn wir unsere Beine in die richtige Haltung zwingen, kann es sein, dass wir Probleme bekommen, weil unsere Hüftbeuger zu kurz sind. Wir sind einfach noch nicht warm genug. Jeder andere Sportler wärmt sich vorher auf, und viel Wert wird auf das korrekte Aufwärmen des Pferdes gelegt. Nur die Reiter steigen eiskalt und steif auf das Pferd. Dann ist das Pferd ein Sportgerät, auf dem wir uns warm machen.

Die Muskeln sperren, dadurch können wir nicht mehr richtig mitschwingen, fangen an zu hüpfen, wir klemmen uns mit den Knien fest und rutschen wie ein Kirschkern nach oben.

In etlichen Büchern sind wertvolle gymnastische Übungen zu finden, um genau die eigenen Schwächen zu beheben. Wir hingegen können kinesiologisch austesten, welche Übungen zur gezielten Vorbereitung dienen.
Klemmen mit den Beinen kann auch eine psychische Ursache haben. Ein Reiter hatte zum Beispiel einen schweren Unfall und hat immer wieder damit zu kämpfen, dass bestimmte Situationen beim Reiten der Auslöser sind, sich wieder an den Unfall zu erinnern. Das ist ihm sicherlich nicht bewusst, das einzige, was er bemerkt oder der Reitlehrer kritisiert, ist, dass er die Beine zu weit hochzieht und die Steigbügel verliert. Da hilft es ihm wenig, gymnastische Übungen zu machen. Erfolgversprechender ist es, das dahinter stehende Gefühl zu erkennen und den Auslöser zu bearbeiten. Wir laufen Gefahr, unsere Stresssituation immer wieder neu zu reproduzieren, solange, bis wir es geschafft haben, die Situation zu lösen oder auch nicht. Wenn die Ursache gelöst ist, dann schwindet die Angst, dann kann der Reiter lockerer und gelöster auf dem Pferd sitzen, die Beine loslassen und von allein zu dem erstrebten Reitsitz kommen.
Jemandem, der krumm und zusammengesunken auf dem Pferd sitzt, fehlt es vielleicht an Muskeln, sich aufrecht zu stabilisieren. Aber vielleicht fühlt der Reiter sich gar nicht wirklich groß, sein Sitz ist Ausdruck seiner momentanen Stimmung oder seines Lebensgefühls. Jemand, der so viele Sorgen hat, als hätte er einen 50-kg-Sack im Nacken, kann nicht aufrecht, gerade und strahlend sitzen. Der Reitlehrer fordert ihn zum Geradesitzen auf und packt damit noch ein paar weitere Kilos zur schon vorhandenen Last hinzu, weil der Reiter sich zusätzlich noch unfähig fühlt und anfängt, sich selbst zu beschimpfen und schlecht zu machen. Der Reiter fühlt sich meist unterbewusst an viele Situationen erinnert, in denen er das erwünschte Ziel nicht erreichen konnte. So kommt der

Stress aus der Vergangenheit zur aktuellen Situation hinzu: „Ich bin zu dumm, ich schaffe das sowieso nicht." Er schafft es dann eine Runde oder zwei und sackt dann wieder in sich zusammen. Und je nach Temperament des Reitlehrers ... Sie wissen ja schon. Arbeiten wir an dem 50-kg-Sack und schafft der Reiter es, den loszulassen, wird er von allein aufrecht und gerade sitzen und sich wesentlich besser dabei fühlen.

Reitlehrer müssen sich im Klaren sein, dass sie durch ihr Verhalten Stress hervorrufen und verstärken, oder aber auch lösen können. Reiter allerdings, die von sich glauben, sie sind sowieso nichts wert und können gar nichts, werden sich häufig Reitlehrer suchen, die sie genauso behandeln und dadurch ihr altes Muster bestätigen.

Wenn sich Schüler harte rigide Reitlehrer aussuchen, die aufgrund ihrer eigenen Geschichte ihre weichen und fürsorglichen Seiten abspalten, werden diese den Unterricht entsprechend gestalten. Der Reiter lernt, sein Pferd genau so hart und rigide zu behandeln und unterwirft sich damit wieder den Stressoren aus der Vergangenheit und bestätigt sie.

Reitlehrer können durch ihre eigene Geschichte auch Stress mit ihren Schülern haben. Es gibt Schüler, die machen den Reitlehrer rasend vor Ungeduld oder nerven oder bewirken, dass er sich unfähig fühlt. Interessant ist jetzt zu gucken, was diese Schüler haben, dass sie solche Seiten in dem Reitlehrer auslösen. Das kann mit seiner eigenen Biografie zu tun haben, dass diese Schüler Verhaltensweisen repräsentieren, die er an sich selbst nicht leiden kann oder die er nicht haben darf. Oder aber er nimmt den Stress der Reitschüler auf.

Umgekehrt treffen den Reitlehrer auch die Übertragungen und Projektionen seiner Schüler. Der Reitlehrer ist dann „Mama" oder „Papa" und soll sich immer liebevoll und aufmerksam verhalten, wie es sich für richtige Eltern gehört. Tut der Reitlehrer das nicht, weil es gar nicht seine Aufgabe ist, Elternersatz zu sein, dann bekommt er alle negativen Gefühle ab, die der Schüler in Bezug auf seine Eltern hatte. Dann kommen Vorwürfe wie: Sie kümmern sich nicht richtig um mich, Sie sagen mir nicht, was ich machen soll. Sie haben immer so hohe Ansprüche an mich ... Als Reitlehrer steht man bei solchen Vorwürfen einigermaßen fassungslos da. Dabei ist es wichtig, sich über seine Rolle im Klaren zu sein und zu sehen, dass man weder Elternersatz noch Lebenspartner noch Psychotherapeut ist.

Wir befinden uns sowohl, wenn wir allein mit unserem Pferd sind als auch im Reitunterricht in einem System, in dem alle Teile sich gegenseitig beeinflussen. Wir gehen mit unserem Pferd einen Herdenverband ein, weil Pferde in Herdenverbänden denken. Sie wollen die Positionen aller Beteiligten wissen. Deswegen ist es unumgänglich, sich dem Pferd vom Boden aus zu nähern und von dort Kontakt aufzunehmen. Wie stellen Sie die Beziehung zu Ihrem Pferd her?

Dieser Herdenverband, dieses System ist vergleichbar mit einem Mobile, alle Teile sind verbunden und miteinander im Gleichgewicht. Zieht man an einem Teil, müssen die anderen sich mitverändern, um das Gleichgewicht wiederherzustellen. Das macht manchmal eine positive Veränderung so schwierig. Wir befinden uns mit unserer Umgebung in einem System, sei es Pferd-Reiter-Reitlehrer, sei es auf den ganzen Stall bezogen oder auf die reiterlichen Kreise, in denen wir uns bewegen. Kommt Stress in nur einen Teil dieses Systems, wirkt sich das auf den ganzen Rest aus, es sei denn, dieser Rest kann sich abgrenzen. Wie fühlen Sie sich, wenn die Stimmung im Stall angespannt und aggressiv ist? Können Sie weiter Ihre Gelassenheit und Ihre gute Laune behalten oder springt die Stimmung auf Sie über? Welche Grundstimmung herrscht bei Ihnen im Stall, eine offene, liebevolle, unterstützende oder eine auf Leistung bedachte, angespannte, harte?

Die Situation, in der ich das so richtig begriffen habe, ereignete sich in einem Kinesiologieseminar zum Thema Lernen. Eine Teilnehmerin hatte Stress mit dem Vorlesen vor einer Gruppe. Der Seminarleiter testete uns Teilnehmer vorher, und wir waren alle ohne Stress im Gleichgewicht. Dann hat diese Frau vorgelesen, ein paar Sätze nur, wir wurden wieder getestet, und alle (!) testeten schwach. Der Stress der Teilnehmerin war zu unserem geworden. Das kann passieren, wenn wir ungeschützt sind. Wir befinden uns mit unserem Pferd in einem System, das heißt, es kann sein, dass unser Stress auf das Pferd überspringt. Umgekehrt aber kann der Stress des Pferdes bei uns auch etwas auslösen. Wenn wir bei einem Reiter zum Beispiel eine Bachblüte als Stresslöser austesten, testen wir auch immer, ob das Pferd dieselbe Blüte braucht. Zu beachten sind auch andere Teile dieses Systems, wie Reitlehrer, Mitreiter usw. Wenn das Pferd es schafft, sich gegen unseren Stress abzugrenzen, kann es sein, dass das Pferd für uns als Stresslöser dient. Meine Kaltblutstute Momo ist so ein Pferd. Sie ist immer klar und im Kontakt, aber abgegrenzt, und hat damit eine unglaubliche Wirkung auf Menschen. Alle, die sie kennen, werden jetzt nicken.

Auch wenn ich mir ein Pferd aussuche, zu kaufen, als Reitbeteiligung oder als Schulpferd, gehe ich mit diesem Pferd ein System ein. Auf der energetischen Ebene passiert sehr viel. Meine Biografie und meine Bedürfnisse treffen auf ein anderes Lebewesen und nehmen Kontakt auf. Es ist so spannend, was passiert. Suche ich mir ein Pferd aus, das mir Sicherheit gibt und mich führt, oder suche ich eher die Herausforderung? Habe ich ein Pferd, das mir sehr ähnlich ist oder eins, das mich ergänzt? Was soll ich von diesem Pferd lernen?

Reiter, die bewusst oder unbewusst davon überzeugt sind, dass sie gewisse Sachen nicht können, werden sich Pferde aussuchen, die selbst Probleme haben. Hier bedarf es schon eines sehr guten Reiters, um solche Pferde zu korrigieren. Ein Reiter, der nicht an sich selbst glaubt, wird dafür sorgen, dass gute und gut ausgebildete Pferde schlecht werden und aufhören zu strahlen. Die Energie von „sich schlecht fühlen" und „nicht können" ist im System und hat einen Einfluss. Dieselben Pferde fangen unter einem Reiter, der ein positives Bild von sich hat, wieder an, schön zu gehen und aufzublühen.

Es gibt auch viele Reiter, die einen sehr hohen Anspruch an sich selbst haben. Das geschieht nicht immer bewusst. Sie glauben, alles richtig machen zu müssen, alles sofort umsetzen zu müssen und erlauben sich keine Fehler. Sie setzen sich damit so unter Druck, dass sie selbst einfachste Übungen nicht mehr reiten können. Die Hilfe des Reitlehrers kommt nicht mehr an oder wird nicht als Hilfe gesehen. Damit bestätigen sie ihr eigenes Bild von „unfähig sein" und „nicht können", kommen bei der nächsten Reitstunde noch mehr unter Druck, bis irgendwann gar nichts mehr geht. Ein Teufelskreis schließt sich.

Sicher kennen Sie selbst auch solche Situationen, bei denen die Stimmung oder die Psyche des Reiters einen Einfluss auf das Reiten hatte. Jemand, der mit sich im Reinen ist, der glücklich und voller Kraft ist, wird das Pferd mitnehmen, beide strahlen, und es macht nichts aus, wenn die Lektionen nicht ganz sauber geritten sind. Manche Paare zeigen saubere Lektionen, und trotzdem hat man das Gefühl, dass daran etwas fehlt, es springt kein Funke über.

Überhaupt hat sich im Laufe unserer Arbeit herausgestellt, wie viele Reiter nicht an sich oder an ihr Pferd glauben. Wir glauben nicht daran, das wir diese Lektion reiten können. Wir glauben nicht daran, dass wir so gut reiten werden können, andere ja, aber wir doch nicht. Wir glauben nicht daran, dass unser Pferd uns vertraut. Wir glauben nicht daran, dass unser Pferd sich noch verändern kann. Diese Liste lässt sich beliebig fortsetzen. Wenn die Reiter sagen, wieso, ich glaube das, dann können wir kinesiologisch testen, ob auf diesem Glauben Stress ist.

Wenn wir dahin kommen, ein inneres Bild zu haben von dem, was wir mit unserem Pferd zusammen erreichen wollen, dann stehen wir der Entwicklung nicht mehr selbst im Wege.

Das Schönste ist, wenn ein Reitlehrer daran glaubt, dass aus uns reiterlich noch etwas werden kann. Der Glaube eines Reitlehrers kann sehr viel bewirken. Das positive Bild wird in das System eingebracht, und selbst wenn der Schüler daran noch nicht so sehr glaubt, kommt das Bild vom Reitlehrer doch an.

Wenn ich selbst unterrichte oder jemand zum therapeutischen Reiten kommt, habe ich ganz oft ein Bild, was aus diesem Menschen werden könnte, wenn der „Müll" beiseite geräumt ist.

Unsere Psyche reitet immer mit, egal was wir tun, weil sie zu uns gehört und nicht ohne schwer wiegende Auswirkungen abgetrennt werden kann. Wir müssen uns mehr unserer Psyche zuwenden, unsere Knoten lösen, an uns selbst arbeiten. Dann können wir den Pferden mehr im Kontakt begegnen, mehr in der Gegenwart sein und Geschehnisse in der Vergangenheit stören immer weniger die Gegenwart.

Ich bin von Herzen und aus Überzeugung Gestalttherapeutin. Das hat einen Einfluss darauf, wie ich die Menschen (und Pferde) sehe und mit ihnen umgehe. Gestalttherapie ist nicht nur eine Form der Psychotherapie, sondern eine Lebenshaltung. Gestalttherapie will „gelebt" sein.

Im Folgenden werde ich kurz aufzeigen, was Gestalttherapie ist, um unser Menschenbild zu erläutern und zu erklären, welchen Einfluss unsere Vergangenheit auf unser Leben und auf das Reiten hat.

Menschenbild – Was ist Gestalttherapie?

Ausgehend von psychoanalytischen Wurzeln hat Fritz Perls, einer der Begründer der Gestalttherapie, eine eigenständige Therapieform entwickelt. Neben der Psychoanalyse hatte damals die Gestaltpsychologie großen Einfluss auf ihn. Er war fasziniert von dem Begriff der Gestalt und nannte seine Therapieform Gestalttherapie.

Der Begriff „Gestalt“ lässt sich folgendermaßen erklären:

Eine Gestalt hat eine bestimmte Form, bildet eine Einheit, ist geschlossen und ganzheitlich. Untersuchungen der Gestaltpsychologie haben ergeben, dass jeder Mensch die Tendenz hat, eine Gestalt zu schließen, zu ergänzen, sich zu guten Gestalten hinzuwenden.

Das menschliche Individuum mit allen seinen Facetten, Anteilen und Polaritäten bildet eine Gestalt, mit der Tendenz, sich zu vervollkommnen, zu entfalten und zu entwickeln, also „ganz“ und gesund zu werden.

Gestalten im psychischen Sinne können sein: Erinnerungen, (Lebens-)Muster, Bedürfnisse, Konflikte, Themen ... Wenn diese Gestalten geschlossen sind, belasten sie uns in unserem aktuellen Leben, im Hier und Jetzt, nicht mehr. Anders, wenn wir noch mit jemandem ein unerledigtes Geschäft haben, ein Thema uns nicht aus dem Kopf will oder wir immer auf dieselbe Sorte von Menschen hereinfallen. Diese Gestalten sind nicht geschlossen, eine Lösung fehlt. Diese unabgeschlossenen Gestalten drängen nach Abschluss, nach Lösung und Neuorientierung. Entweder wiederholen wir dieselben Muster und Konflikte immer wieder, oder wir wollen uns nicht mehr mit ihnen beschäftigen, weil sie schmerzhaft sind oder uns Angst machen, wir spalten sie ab, werden gefühllos und haben keinen Kontakt mehr zu uns selbst und zu unserer Umgebung. Beide Möglichkeiten binden unsere Energie und unsere

Lebensfreude, wir erstarren zunehmend. So sitzen wir manchmal auch auf unserem Pferd.

Wenn wir kein Gefühl mehr für uns selbst haben, keinen Kontakt zu unserem Körper, wie sollen wir dann einen harmonischen Kontakt zu unserem Pferd herstellen? Wenn wir uns selbst nicht mehr spüren, wie sollen wir dann unser Pferd spüren? Beim Reiten kommunizieren zwei Körper miteinander, wie soll es gehen, wenn wir uns in unserem Körper nicht zu Hause fühlen?

Um diese Erstarrung zu lösen und Energie und Freude wieder zum Fließen zu bringen, muss die Gestalt gehörig in Unordnung gebracht werden. Diese Phase der Verwirrung, des Chaos und des Infragestellens ist für eine Lösung und für die Weiterentwicklung notwendig. Wir haben das Gefühl, als ob wir gar nichts mehr wissen und gar nichts mehr können, und wir können uns nicht vorstellen, wie das weitergehen soll. Diese Phase ist schwer auszuhalten und zu akzeptieren.

Kinesiologie und Energiearbeit können uns eine Hilfe sein, durch diese Phase sanfter hindurchzugehen, schneller auf den Punkt zu kommen und den besten Weg und das beste Ziel für uns zu bestimmen.

Der Weg zur Neuorientierung führt uns weg vom Nachdenken, vom Kopfzerbrechen oder vom Darüber-Reden, hin zu mehr Kontakt, zu mehr Bewusstheit über uns selbst und unsere Umwelt.

Um unabgeschlossene Gestalten besser wahrnehmen und erforschen zu können, müssen sie wieder zum Leben erweckt, verstärkt und differenziert werden, um sie so dem bewussten Erleben zugänglich zu machen. Wenn wir nicht mehr abspalten, nicht mehr gefühllos sind, und die unerledigten Gestalten nicht mehr in unserem Körper toben (das schlägt mir auf den Magen, das geht mir an die Nieren, da läuft mir die Galle über), dann gelangen wir zu mehr Bewusstheit.

So ein paar Reifen ...

mit einem Pferd ...

... das ist doch kinderleicht.

Gemeinsam Freude haben ...

Eine gute Zeit haben ...

... und in Kontakt sein.

Klopfsequenz NAEM

Drittes Auge (DA)

Unter der Nase (UN)

Unter der Unterlippe (UL)

Brust (B)

Wir erlangen Bewusstheit über Körperwahrnehmungen, Sinnesempfindungen, Gefühle, Wünsche, Werte, Fantasien, Träume und Gedanken. Wir nehmen, zunehmend genauer und vielfältiger, wahr, „was ist", und können somit in einen wahrhaftigen Austausch mit unserer Umwelt treten, adäquat reagieren, uns von unserer Umwelt beeinflussen lassen und unsere Umwelt beeinflussen. Wenn wir uns mehr wahrnehmen, haben wir auch die Chance, unsere Pferde mehr wahrzunehmen. Dadurch kann sich unsere Beziehung vertiefen. Gestalttherapie ist so gesehen nicht nur eine Psychotherapieform, sondern auch eine Lebenseinstellung.

Was ist Reittherapie – Reitunterricht?

Es ist sehr sinnvoll, eine klare Grenze zwischen Reitunterricht und Reittherapie zu ziehen. Unterricht hat das Ziel, jemandem das Reiten beizubringen. Alle Hemmnisse und Störungen müssen beseitigt werden, um möglichst leicht und ohne Probleme dieses Ziel zu erreichen. Wenn wir also psychische Themen angehen und bearbeiten, dient das dazu, das Reitenlernen zu erleichtern oder überhaupt erst zu ermöglichen.

Reittherapie hat das Ziel, ein bestimmtes Problem oder eine bestimmte Schwierigkeit zu bearbeiten. Die Pferde sind dazu das Medium. Ziel hierbei ist nicht das Erlernen des Reitens (obwohl jemand durchaus etwas über das Reiten lernen kann), sondern die Aufarbeitung der eigenen Geschichte. Das psychotherapeutische Reiten ist also eine Form der Psychotherapie.

Es kann sein, dass jemand im psychotherapeutischen Reiten anfängt, sein Problem oder seine Geschichte bearbeitet hat und dann beschließt, weiterzureiten, einfach, weil es Freude macht. Umgekehrt kann sich beim Unterricht herausstellen, dass jemand mit dem Lernen nicht weiterkommt, weil eine „unerledigte Gestalt“ das Lernen noch behindert. Dann kann es sinnvoll sein, erst diese Gestalt zu bearbeiten, bevor weitergelernt werden kann. Das heißt nicht, dass jemand psychisch krank im medizinischen Sinne ist. Jeder von uns hat diverse alte Muster oder Erinnerungen, die unser heutiges Leben stören können. Wichtig ist nur, immer wieder gewahr zu werden, welches Ziel im Vordergrund steht.

Grundlagen der traditionellen chinesischen Medizin

Das Menschenbild in der chinesischen Medizin ist ein Ganzheitliches. Die chinesische Medizin geht davon aus, dass in jedem Menschen und in jedem Tier Qi (sprich Tschi) fließt, die feinstoffliche Energie des Lebens, die uns am Leben erhält. Sie bewirkt, dass wir leben können, atmen, wachsen und handeln, und ist damit die Grundlage für unsere Gesundheit und unser Wohlbefinden.

Diese Energie fließt in bestimmten Bahnen im Körper, den so genannten Meridianen. Jeder Meridian ist einem Organ zugeordnet und bildet einen Funktionskreis. In diesem Meridiansystem kann die Energie frei fließen. Dann sind wir gesund und fühlen uns wohl. Oder es kann zu einem Energieungleichgewicht kommen, das bedeutet entweder zu viel oder zu wenig Energie. Es gibt vierzehn Hauptmeridiane, die einen Energiekreis bilden.

Qi setzt sich aus zwei Faktoren zusammen, Yin und Yang. Beide gehören zusammen, sind gleichrangig und können nicht ohne das andere sein. Yin steht für das Weibliche, Irdische, Negative, Yang für das Männliche, Positive, Aktive. Nur wenn beide Polaritäten vorhanden und im Gleichgewicht sind, sind wir gesund. Ein Zuviel auf der einen Polarität bedeutet ein Zuwenig auf der anderen. Es ist vergleichbar mit einer Münze, die ja auch erst durch ihre beiden Seiten einen Wert hat.

Kann die Energie in einem Meridian nicht frei fließen, sprechen wir von einer Blockade. Man kann durch unterschiedliche Methoden Blockaden lösen und die Energie wieder zum Fließen bekommen. Blockaden können zu unterschiedlichen Symptomen führen, die sich auf der körperlichen oder auf der psychischen Ebene zeigen. In der chinesischen Medizin werden Körper, Geist und Seele nicht voneinander getrennt, sondern als Einheit betrachtet. Auch wird nicht an dem Symptom gearbeitet, z.B. einer Krankheit, einer Bewegungsstörung, einem psychischen Problem, sondern die Ursache wird beseitigt. Ursache ist entweder ein Zuviel oder Zuwenig an Energie in bestimmten Meridianen, wir sprechen von Energieflussstörung. Werden wieder alle Meridiane gleichmäßig mit Energie versorgt, sind wir gesund. Wir können also auch präventiv etwas für unsere Gesundheit und die des Pferdes tun, wenn wir immer wieder darauf achten, Blockaden zu lösen und unsere Energie fließen zu lassen.
Unsere Muskeln und Gelenke werden von der Energie in den Meridianen versorgt. Eine Blockade der Energie kann also auch eine Blockade der jeweiligen Muskeln und Gelenke bewirken. Damit können wir nicht mehr mit der Bewegung des Pferdes mitschwingen, die Harmonie zwischen Mensch und Pferd geht verloren.
Innere und äußere Einflüsse auf unseren Organismus verändern unseren Energiefluss. Ein Reiz wirkt auf uns und muss verarbeitet werden. Das kostet Energie, die anderswo nicht mehr zur Verfügung steht. Ist das Lebewesen ansonsten gut im Fluss, bedeutet dieser Reiz nur eine kleine Irritation. Ist allerdings das Lebewesen schon sehr im Ungleichgewicht, kann dieser Reiz zu Stress und Blockaden führen. Das ist vergleichbar mit einem Wasserfass. Wenn nicht viel Wasser im Fass ist, macht ein Tropfen mehr oder weniger keinen Unterschied. Anders, wenn das Fass sowieso randvoll ist: Dann kann der

Tropfen das Fass zum Überlaufen bringen. Manchmal reichen die nichtigsten Situationen, um uns so unter Stress zu setzen, dass danach gar nichts mehr geht. Beim Computer kann das Öffnen einer ganz kleinen Datei bewirken, dass der Arbeitsspeicher überlastet ist und sich das ganze System aufhängt. Dann geht nichts mehr, der Computer muss ausgeschaltet und neu gestartet werden. Ziel dieses Buches ist, Möglichkeiten zu finden, einmal den Arbeitsspeicher zu vergrößern, zum anderen aber alte und überflüssige Dateien zu schließen, unseren Arbeitsspeicher freizuschaufeln und uns nur mit dem zu beschäftigen, was aktuell gerade anliegt.

Unter Stressoren verstehen wir Reize, die auf unseren Organismus einwirken und die verarbeitet werden müssen. Stressoren können für jeden Menschen sehr unterschiedlich sein und auch verschiedene Auswirkungen haben. Wir können über den Muskeltest erfahren, ob ein Reiz ein Stressor ist oder nicht.

Eine der bekanntesten Methoden der chinesischen Medizin ist die Akupunktur, die darauf abzielt, die Blockaden zu lösen, indem mit Nadeln (bei der Akupressur mit Massage) auf bestimmte Meridianpunkte ein Reiz ausgeübt wird und so der Energiefluss wieder harmonisiert wird.

Was ist Klopfakupressur? Was ist energetische Psychologie?

Die Methode der Klopfakupressur basiert auf den Erkenntnissen der energetischen Psychologie.

Angefangen hat alles bereits vor ca. 5000 Jahren, als ein Mensch oder auch eine Gruppe von Menschen im alten China herausgefunden hat, dass jeder menschliche und tierische Körper ein Energiesystem besitzt, in dem Lebensenergie fließt.

Mitte der Sechzigerjahre des letzten Jahrhunderts hat der

Chiropraktiker Georg J. Goodheart aus Detroit angefangen, seine Patienten mit Hilfe des Muskeltests zu behandeln. Er hat die relative Stärke eines Muskels getestet und daraufhin schwache Muskeln mit bestimmten Methoden gestärkt. Dieses Verfahren nannte er die „Applied Kinesiology", die Angewandte Kinesiologie. Er forschte weiter und entdeckte, dass sowohl das Nadeln als auch das Klopfen bestimmter Punkte auf den Meridianen Muskeln stärken konnte, die Meridiane hingen also auch mit Muskeln zusammen.

Goodheart richtete seine Ausbildung auf Angehörige von Heilberufen aus. John Thie wollte einen großen Teil der „Applied Kinesiologie" auch Laien ohne medizinische Vorkenntnisse zugänglich machen; er begründete ein System, das er „Touch for Health" nannte, in Deutschland unter „Gesund durch Berühren" bekannt.

Der australische Psychiater John Diamond begann in den Siebzigerjahren des letzten Jahrhunderts die Ausbildung in Applied Kinesiology und entwickelte daraus die „Behavioral Kinesiology". Dies war der erste Ansatz, die Kinesiologie und die Psychotherapie zu vereinen. Unter anderem verwendete er Affirmationen und das Klopfen der Thymusdrüse.

„Three In One Concepts" ist ein Verfahren, das 1982 von Gordon Stokes und Daniel Whiteside begründet wurde mit dem Ziel, Stress zu reduzieren. Sie entwickelten die Methode des sanften Muskeltests, mit der es möglich ist, gerade bei der Arbeit mit Emotionen unsere übliche Abwehrreaktion zu umgehen. Das Verhaltensbarometer stammt aus diesem Ansatz.

Der klinische Psychologe Roger J. Callahan begann sich 1979 für die „Applied Kinesiology" zu interessieren und machte die dazugehörige Ausbildung. Mitte der 1980er-Jahre begründete er die „Thought Field Therapy (TFT)", die „Gedankenfeld-Therapie".

Sein erster Fall war eine Patientin namens Mary mit Wasserphobie. Sie hatte unter dieser Wasserphobie schon lange gelitten, auch Callahan versuchte zunächst erfolglos, ihr zu helfen. Da beschloss er, den Muskeltest aus der „Applied Kinesiology" zu verwenden. Er ließ sie nur an Wasser denken, während er die Muskeln testete, die mit bestimmten Meridianen in Zusammenhang stehen. Dabei fand er heraus, dass nur ihr Magenmeridian aus dem Gleichgewicht war. Deswegen forderte er sie auf, den ersten Punkt auf dem Magenmeridian (JB Jochbein = Auf dem Jochbein) zu klopfen. Innerhalb von einer Minute berichtete die Klientin, dass das Problem gelöst sei, sie fühle überhaupt kein Unbehagen mehr, wenn sie an das Wasser denke. Sie konnte sogar an den Swimmingpool gehen und sich Wasser in das Gesicht spritzen.

Das war der Auftakt der Arbeit, mit der Callahan vielen Klienten helfen konnte. Bald fand er heraus, dass unterschiedliche Menschen unterschiedliche Punkte benötigten, manche sogar eine bestimmte Sequenz von Punkten oder eine bestimmte Reihenfolge. Aber auch auf diese Weise konnte er nur einem Teil seiner Patienten helfen, den anderen fehlte noch etwas. Dieses Etwas fand er zunächst bei einer Patientin, die seit Jahren erfolglos versuchte, abzunehmen. Er forderte sie auf, sich vorzustellen, sie wäre so schlank, wie sie es sich wünscht. Zu seinem allergrößten Erstaunen testete der Arm schwach. Nun sollte sie sich vorstellen, sie würde noch dicker werden, und der Arm testete stark. Es schien so, als würde die Vorstellung, sie könnte ihr Ziel erreichen, ihr Stress machen, während das Gegenteil bei ihr keinen Stress verursacht hatte. Alle Versuche der Lösung des Gewichtsproblems liefen in die falsche Richtung, und je mehr sie sich anstrengte, desto mehr lief die Energie in Richtung des gegenteiligen Ziels. Die Energie lief in die falsche Richtung, sie war umgekehrt. Callahan nannte dieses Phänomen eine „psychische Umkehrung". Er stellte fest, dass er keine therapeutischen Erfolge erzielen konnte, wenn sich seine Patienten in diesem Zustand befanden, erst, wenn die

Umkehrung behoben wurde, griff seine Therapie. Diese Entdeckung der psychischen Umkehrung steigerte seine Erfolgsquote auf mehr als 95 %.

Gary H. Craig, ein amerikanischer Ingenieur, lernte Anfang der Neunzigerjahre des letzten Jahrhunderts Callahans Methode und entwickelte daraufhin ein Grundrezept eines Verfahrens, von dem er sagt, dass es in achtzig Prozent der Fälle hilft. Es hat eine bestimmte Sequenz von Punkten, die geklopft wird, unabhängig von dem Problem, das vorliegt. Wenn Punkte geklopft werden, die nicht nötig sind, hat es keinerlei Auswirkung auf die Energie in den Meridianen. Unter den zwölf Punkten sind bestimmt einer oder mehrere dabei, die Wirkung zeigen. Dieses Verfahren nannte er „Emotional Freedom Techniques“, kurz EFT.

Fred P. Gallo erzählte uns im Training, wie er zu dieser Form der Arbeit gekommen sei. Er hatte 1992 einen Artikel gelesen über ein Verfahren, das den Suchtdrang reduzieren sollte und zwar, indem bestimmte Punkte geklopft wurden. Er probierte es aus, lachte herzlich darüber und der Artikel verschwand in seiner Schublade. Dann arbeitete er viel später mit einer Klientin, die ein Suchtproblem hatte und die mit dem Suchtdrang nicht umgehen konnte. Er erinnerte sich an die Punkte und ließ sie diese klopfen. Der Suchtdrang wurde deutlich reduziert und kam auch nicht wieder. Fasziniert von dieser Erfahrung nahm Gallo Kontakt zu Callahan auf, ließ sich seine Unterlagen schicken und arbeitete zunächst nach seinem eigenen energetischen Diagnosesystem. Später machte er die Ausbildung bei Callahan und entwickelte dessen Ansatz weiter zu seiner Methode, die er EDxTM nannte, Energy Diagnostic and Treatment Methods. Zu Deutsch: Energetische Diagnose- und Behandlungsmethodik.

Was ist EDxTM?

EDxTM ist ein Verfahren, das von Fred P. Gallo entwickelt wurde. Es beinhaltet Methoden aus der „Applied Kinesiology", aus der „Behavioral Kinesiology" und anderen Ansätzen innerhalb der Kinesiologie, aber auch aus der kognitiven Therapie und der Meridiantherapie. Ziel ist es, die energetischen Aspekte psychischen Stresses und psychischer Probleme aufzudecken und auszubalancieren. EDxTM ist ein Verfahren, das darauf abzielt, die feinstofflichen Energien unseres Körpers im Zusammenhang mit einem psychischen Problem zu untersuchen und zu balancieren.
Wir können diese Methode für uns als Pferdehalter und Reiter in Selbsthilfe verwenden. Dabei arbeiten wir mit einem Standardverfahren, das in vielen Fällen ausreicht und wirksam ist. Sollte es nicht wirken, brauchen wir eine genauere individuelle Lösung. Dafür gibt es im ganzen Bundesgebiet ausgebildete Therapeuten. Bei schwer wiegenderen Problemen wenden Sie sich bitte in jedem Fall an einen Therapeuten.
Wenn wir aufgrund von wie auch immer geartetem Stress eine Störung in unserem Meridiansystem haben, zeigt sie sich auf der psychischen Seite oft mit heftigen und destruktiven Gefühlen, Ängsten und Phobien, Depressionen, Süchten, selbstverletzendem Verhalten etc. Erst wenn die Störung im Energiesystem beseitigt ist, können auch die Auswirkungen beseitigt werden, und der Weg ist frei zur Lösung des Problems. Oft macht der Ausgleich im Energiesystem die Lösung erst möglich. Dabei ist es nicht notwendig, dass zum Beispiel die schmerzliche Erinnerung wieder erlebt wird und wir noch einmal ganz hineingehen müssen. Auch die wiederholte Erinnerung kann unser Energiesystem schwächen und aus dem Gleichgewicht bringen.
Oft sind es einfach bestimmte Reize, die bewirken, dass wir uns

an ein schreckliches Erlebnis immer wieder erinnern. Wenn zum Beispiel das Pferd durchgegangen ist, weil es sich vor einer zuschlagenden Autotür erschreckt hat, werden wir immer wieder zusammenzucken, wenn wir auf einem Pferd sitzen und eine Autotür schlagen hören. Auch das dazugehörige Energieungleichgewicht ist wieder da, und die Pferde merken es, dass wir nicht in unserer Mitte sind. Die Chance, dass uns dieses Erlebnis noch einmal passiert, steigt, weil das Pferd unsere Angst und unseren Schock spürt und selbst mit Unsicherheit oder Angst reagiert. Wenn wir solche Erlebnisse nicht (energetisch) verarbeitet haben, können sie uns immer wieder passieren.

Die Erfahrungen wiederholen sich, und das führt oft dazu, dass wir uns unfähig fühlen und zu der Überzeugung gelangen, dass es nie besser werden wird. Erst, wenn wir energetisch im Gleichgewicht sind, haben wir die Möglichkeit, neue Erfahrungen zu machen und mit Problemen besser umgehen zu können, von denen wir vorher gedacht haben, wir könnten sie nie bewältigen.

Manchmal ist es so, dass wir eigentlich genau wissen, was wir tun müssten, um uns besser zu fühlen oder das Problem zu lösen, aber wir schaffen es einfach nicht, so sehr wir uns auch bemühen. Wir sitzen auf dem Pferd, wissen eigentlich, dass wir uns entspannen müssten, aber es funktioniert einfach nicht. Von anderen erhalten wir gute Ratschläge, die sich auch gut anhören, aber wir können uns nicht vorstellen, dass uns das helfen kann. Ja manchmal machen wir sogar das Gegenteil von dem, was wir tun müssten, um uns zu helfen, aber wir können irgendwie nicht anders. Wir können jeden Reitlehrer zur Verzweiflung bringen, weil wir auf dem Pferd nicht einmal rechts und links unterscheiden können. Es ist, als wenn wir „verdreht“ sind. Das ist ein Zustand, für den Roger Callahan den Begriff der psychischen Umkehrung geprägt hat. Was genau in

unserem Körper geschieht, wenn wir psychisch umgekehrt sind, hat man noch nicht abschließend eindeutig geklärt. Aber an unserem Verhalten kann man erkennen, dass wir uns in diesem Zustand befinden. Das, was uns eigentlich gut tun würde, erreicht uns nicht, der Unterricht schlägt nicht an, wir sabotieren unser eigenes Bemühen. Es ist, als wenn unsere Energie in die falsche Richtung fließt und wir deshalb dort nicht ankommen, wo wir hinwollen. Wir können uns das wie einen Fluss vorstellen. Wenn wir mit dem Fluss fahren, kommen wir schnell und leicht an unser Ziel. Wenn der Fluss für uns in die falsche Richtung fließt, ist es entweder unmöglich oder nur unter großer Anstrengung möglich, dorthin zu gelangen, wohin wir wollen. Wer kennt das nicht: Je mehr wir uns auf dem Pferd anstrengen und bemühen, desto schlimmer wird alles, und wir kommen immer weiter weg von dem, was wir eigentlich wollen, nämlich einem entspannten und harmonischen Miteinander mit dem Pferd.
Erst wenn die psychische Umkehrung aufgelöst ist, wir also wieder „zurückgedreht“ sind, können unsere Energien wieder in die richtige Richtung fließen, hin zur Lösung des Problems. Erst dann können wir ohne Stress unsere Energien nutzen, um das Ziel zu erreichen, das wir erreichen wollen.

Was ist Kinesiologie?

Der Begriff Kinesiologie kommt aus dem griechischen Wort für Bewegung. Im medizinischen Bereich versteht man darunter Bewegungslehre sowie Untersuchung des Muskeltonus. „Angewandte Kinesiologie“ (AK) stellt eine Methode dar, mit deren Hilfe es möglich ist, Auskunft über den energetischen Zustand des Körpers zu erhalten und Ungleichgewichte zu korrigieren. Diese Methode ist angelehnt an die Vorstellungen der traditionellen chinesischen Medizin, nach denen die Energie des Menschen durch Kanäle (Meridiane) fließt. Sie beruht damit auf denselben Grundannahmen wie beispielsweise die Akupunktur.

Wichtigstes Arbeitsmittel dabei ist der Muskeltest, der als körpereigenes Feedbacksystem funktioniert. Dieser Muskeltest wurde, wie schon erwähnt, Anfang der 1960er-Jahre durch den amerikanischen Chiropraktiker Dr. George Goodheart entwickelt. Seine Entdeckung war, dass Muskelschwächen durch äußere und innere Stressfaktoren verursacht werden können. Außerdem stellte er fest, dass bestimmte Muskeln bei bestimmten Organerkrankungen schwach testeten. Letztendlich stellte er die Hypothese auf, dass Muskelschwächen mit energetischen Blockaden im Bereich der Meridiane korrespondieren.

Der Muskeltest funktioniert ganz ohne technische Geräte. Zum Muskeltesten benötigt man nur einen Menschen, der bereit ist, sich testen zu lassen. Dieser Mensch wird aufgefordert, ein Bein oder einen Arm in einer bestimmten Position zu halten. Dann übt der Tester sanften Druck auf den Arm oder das Bein aus: Der Arm oder das Bein hält in der vorgegebenen Position oder hält nicht. Dies zeigt einen "angeschalteten" oder einen „abgeschalteten" Muskel.

Dabei testen wir nicht die physische Kraft, sondern, ob die Energie, die der Muskel braucht, im Gleichgewicht ist oder nicht. Der Muskel testet stark, das heißt, er kann dem Druck standhalten, oder er testet schwach, das heißt, die Testperson kann den Arm nicht halten. Für den Testenden fühlt sich ein starker Muskel ganz klar und abgegrenzt an, ein schwacher Muskel dagegen, als würde man in Watte fassen. Mit zunehmender Erfahrung kann die Testperson schon selbst fühlen, ob der Muskel stark oder schwach ist.

Wir kennen das alle, dass unsere Knie ganz wabbelig werden, wenn wir uns sehr erschreckt haben. Oft bekommen wir dann von jemandem ein Glas Wasser angeboten und werden aufgefordert, uns hinzusetzen. Wasser ist eine der besten Möglichkeiten, Stress zu bewältigen. Dieses „wabbelige" Gefühl haben wir auch bei einem schwachen Muskel. Wenn wir in einen Pferdestromzaun fassen, fühlen wir uns hinterher an der betreffenden Stelle auch so.

Stressoren wirken auf unterschiedlichen Ebenen auf uns ein, körperlich, seelisch oder geistig. Sobald ein Stressor auftritt, beansprucht er Energie zur Verarbeitung oder auch Unterdrückung. Wir können uns das so vorstellen, als ob der Stressor Energie bindet und deswegen der Muskel nicht mehr genügend zur Verfügung hat.

Der Muskeltest bietet so die Möglichkeit, direkt vom Körper die Information zu erhalten, welche Maßnahmen ergriffen werden sollen. Sei es im Bereich der Meridiane, über Akupressur, über Übungen aus der Physiotherapie oder dem Bereich der Edu-Kinesthetik. Aber nicht nur in der Heilkunde, sondern auch in vielen anderen Bereichen wie Pädagogik, Psychologie, Kunst, Sport, Musik, Reittherapie findet die Angewandte Kinesiologie immer mehr Anwendung, denn die genannte Grundtechnik des Muskeltestens kann mit vielen verschiedenen anderen Techniken sinnvoll kombiniert werden.

Wenn etwas aus dem Gleichgewicht geraten ist, dann stellt sich immer die Frage, wie dieses wieder hergestellt werden kann. Die Integration der Gehirnhälften spielt dabei eine große Rolle. Unter Stress geschieht es, dass wir nur noch einen Bruchteil unseres Potenzials im Gehirn nutzen. Das heißt, dass wir meist nur noch von einer Gehirnhälfte aus versuchen, unseren gesamten Lebensablauf zu steuern.

Dieser sehr anstrengende und uneffektive Zustand bedeutet, dauernd unter Stress zu stehen und stellt damit auch eine hohe Anforderung an unser Immunsystem dar. Werden die Anforderungen zu hoch, bricht das System bekanntlich zusammen und muss sich erst wieder reorganisieren. Das bedeutet, dass die Menschen krank werden.

Um dem System eine größere Stabilität zu verleihen, gibt es in der Kinesiologie verschiedene vorbeugende Maßnahmen. Dies sind spezielle Bewegungsübungen, das Wissen darüber, welche Nahrungsmittel uns eher stärken oder schwächen, oder auch welche Situationen uns unsere Kraft entziehen. All dieses sind Informationen, die uns über den Muskeltest sehr schnell zur Verfügung stehen. Darüber hinaus entwickeln wir auch mehr Verständnis für die eigenen emotionalen Strukturen und deren Wirkung auf unseren Organismus.

Unser Gehirn besteht aus zwei Gehirnhälften. Jede Hälfte ist für bestimmte Aufgaben zuständig, doch nur wenn beide gut zusammenarbeiten, ist erfolgreiches und müheloses Agieren in welcher Situation auch immer möglich. Die linke Gehirnhälfte steuert die rechte Körperseite sowie die Wahrnehmungen des rechten Auges und des rechten Ohres. Die rechte Hirnhälfte dagegen kontrolliert die linke Körperseite, das linke Auge und das linke Ohr. Verbunden sind die beiden Gehirnhemisphären durch das Corpus callosum, ein komplexes Bündel von Nervenfasern. Dieses Bündel ist die Schaltstelle für den Informationsaustausch zwischen den beiden Gehirnhälften.

Krabbeln wird normalerweise in der Kindheit spontan gelernt, dabei bewegt das Kind synchron den rechten Arm und das linke Bein bzw. umgekehrt. Diese Bewegung bahnt sozusagen den Weg, die „Kommunikation“ von der einen zur andern Hirnhälfte. Unter Stress ist diese Kommunikation blockiert.

Gesundheit bedeutet einen freien Fluss der Lebensenergie, Krankheit demzufolge ein Ungleichgewicht der Energie.

Ungleichgewicht und Blockaden entstehen, wenn ein Mensch mit den einwirkenden Stressoren nicht mehr zurechtkommt und dadurch in einen Überlastungszustand gerät, der nicht mehr ausgeglichen werden kann. Die Reaktion auf dieselbe

Anforderung ist von Mensch zu Mensch sehr unterschiedlich, und genauso sind die Stressmuster sowie die Vermeidungsstrategien verschieden. Es geht bei der kinesiologischen Arbeit darum, Wege aus dem Stress zu finden und schädliche Stressoren zu beseitigen. Wenn dies nicht gelingt, kann unsere Lebensenergie nicht mehr frei fließen, es kommt zu einem Ungleichgewicht oder zu Blockaden. Wir sind belastet, werden vielleicht krank oder zeigen Symptome wie Kopf- Rücken- Magenbeschwerden, Nackenverspannungen, Müdigkeit etc.
Ziel von Kinesiologie ist es, den freien Fluss der Lebensenergie wieder herzustellen, Stress abzubauen, Blockaden aufzulösen, um so die Selbstheilungskräfte des Körpers zu aktivieren. Kinesiologie ist also ein sanfter und ganzheitlicher Weg zur Gesundheit, sie kann aber ebenso präventiv angewandt werden, um Krankheit zu vermeiden.
Manchmal gibt es schon kleine „Wunder", da löst sich ein Problem innerhalb einer Sitzung einfach auf, und kommt nicht wieder und sucht sich auch kein anderes Symptom. Das sind für mich in der Arbeit ganz schöne Momente, weil die getestete Person und ich es auch gleich wahrnehmen. Dann freue ich mich mit und weiß im positiven Sinne, die Klientin oder der Klient kommt so schnell nicht wieder, sie lebt jetzt erst dieses neue Lebensgefühl.
Ansonsten gilt es, in dieser Arbeit auch bestimmte Themen abzuarbeiten, um eine gute Grundlage für die eigene Weiterführung zu schaffen. Themen wie Selbstverantwortung, Bereitschaft zu Veränderung, Bereitschaft, Gutes für mich auch anzunehmen, negative Glaubenssätze aufzuspüren, die mich von meinem Fortschritt abhalten, sind dabei wichtige Bereiche. Wenn wir uns unseren Stress als eine Zwiebel vorstellen, fangen wir mit der äußersten Schale an und arbeiten uns Schale für Schale weiter. Es melden sich die Themen, die zu der jeweiligen „Zwiebelschale" gehören, und hierfür lösen wir den

Stress sanft ab. Und bevor wir zur nächsten Schale kommen, fragen wir immer, ob wir die Erlaubnis haben, weiterzugehen. Manchmal brauchen wir eine Vorbereitung für die nächste Schale.
Durch das Erfragen der Erlaubnis über den Test kann es praktisch nicht passieren, dass wir zum Beispiel drei Schalen überspringen und Stress aufkommt, den wir nicht bewältigen können. Wenn sich die Themen melden, können wir auch damit umgehen. Es kann also sein, dass wir in den ersten Sitzungen nicht zum eigentlichen Thema vordringen, aber unsere Arbeit dient der Vorbereitung dazu. Manchmal melden sich Themen, die erst mal nicht einzuordnen sind, von denen wir nicht genau wissen, was das eigentlich soll. Aber viel später rundet sich ein Bild ab und der Weg wird nachvollziehbar und sinnvoll. Unsere „Stresszwiebel" wird immer kleiner.

Für mich persönlich ist die Kinesiologie gerade durch die vielen Möglichkeiten und unvorhersehbaren Wendungen eine wunderbare Methode, mit der ich nun schon seit vielen Jahren arbeite und noch nie das Gefühl hatte, es wird mir langweilig dabei.

Pferde

Was ist das Besondere im Umgang mit Pferden?

Pferde sind Fluchttiere, das heißt: Droht (aus ihrer Sicht) Gefahr, laufen sie erst einmal weg, um dann aus der Ferne mal zu überprüfen, was da war. Das ist für Menschen eine sehr unangenehme und gefährliche Eigenschaft. Menschen müssen lernen, die Welt aus Sicht der Pferde zu erleben. Pferdedenken und Menschendenken sind da sehr unterschiedlich, wobei das Pferdedenken den Pferden ermöglicht hat zu überleben.
Dieser Überlebensinstinkt steht an erster Stelle bei den Pferden.
Pferde sind soziale Tiere, d.h. sie leben bekanntermaßen in einem Herdenverband. Es gibt eine klare Hierarchie, es gibt einen Leithengst und eine Leitstute, die wichtige Funktionen für die anderen haben. Leittiere haben eine richtige Aufgabe, das ist kein einfacher „Job". Die Leittiere sagen klar, wo es hingeht und was gemacht wird. Demokratie gibt es bei Pferden nicht. Die anderen Herdenmitglieder ordnen sich den Leittieren unter, wenn sie das Gefühl haben, das Leittier „weiß, wo es langgeht". Ohne dieses Vertrauen werden die Leittiere in Frage gestellt. „Hast du gehört? Weißt du wirklich, wo es langgeht? Bist du sicher, dass wir das jetzt machen? Ich gehe mal meinen eigenen Weg, mal sehen, was du machst." (Jeder Reiter kennt diese Fragen.) Dabei wird das Verhalten des Leittieres genau beobachtet und es wird jede noch so kleine Unsicherheit entdeckt, und mit der entsprechenden Reaktion versehen.

„Pferde denken, fühlen und handeln so, wie sie als Flucht-, Beute,- und Herdentiere müssen, nur so können sie ihre Existenz sichern. Sie wissen nicht, dass der Mensch mit einer anderen Wahrnehmung ausgestattet ist. (...)
Unser Umgang mit diversen Situationen (z.B. wenn aus „pferdischer" Sicht Gefahr droht) ist für das Pferd absolut unverständlich. Anstatt einer drohenden Gefahr aus dem Wege zu gehen oder zu flüchten, scheinen wir die Gefahrenquelle nicht einmal zu bemerken und bewegen uns zu allem Überfluss auch noch geradewegs darauf zu. Aus der Sicht der Pferde sind wir wahrscheinlich blinde, gehörlose Zweibeiner oder aber lebensmüde, bizarre Geschöpfe ohne (Pferde-)Verstand, die sich blindlings sämtlichen Gefahren unbedacht ausliefern." *(Michael Geitner, Be strict – Denken wie ein Pferd, S.54)*

Pferde sind Experten darin, Körpersprache und Körperausdruck zu deuten und zu interpretieren. Wenn sie eine Unsicherheit entdecken, bohren sie noch einmal richtig nach, um zu sehen, was sich dahinter verbirgt. Das sind die Momente, in denen der Reiter sagt, was hat mein Pferd nur, ich will doch wirklich, dass ... mein Pferd stehen bleibt, angaloppiert, in den Hänger geht usw. Dann kommen die klugen Ratschläge der anderen, man soll dem „Bock" mal eins kräftig draufgeben, der muss nur wissen, wo es langgeht.
Es bedeutet einfühlsame und vor allem ehrliche Arbeit mit sich selbst, das zu finden, worauf das Pferd reagiert. Und noch wichtiger ist es zu wissen, dass das Pferd damit nur seinen Instinkten folgt. Sein Überleben hängt davon ab, sich dem richtigen Leittier anzuvertrauen, es muss wissen, muss ich allein auf mich aufpassen oder machst du das für mich. Führung und Sicherheit sind die wichtigsten Bedürfnisse eines Pferdes.
Wenn ich mein Pony Jeremy auf dem Bodenarbeitsplatz reite, ist er die ersten Minuten damit beschäftigt, mir zu erzählen: du, dieser Reifen lag gestern noch nicht da und diese Tonne hat

sich auch bewegt, das muss ein Untier sein und hast du das gesehen... . Natürlich, ein Bodenarbeitsplatz, der benutzt wird, verändert sich. Mich kann dieses Verhalten rasend machen, dass ich ihn regelmäßig „in die Wurst geben könnte“, was ich natürlich nie tun würde. Aus seiner Sicht braucht er nur die Bestätigung, dass alles in Ordnung ist und ich auf ihn aufpasse. Seit ich mir des Unterschiedes zwischen Pferde- und Menschendenken bewusst bin, kann ich das mit Humor nehmen. Und das Erstaunliche ist, dass er es seitdem nicht mehr macht. Ich habe vor kurzem eine Schülerin mit meiner kleinen Stute Sonny auf einen Spaziergang geschickt und gesagt, sie bräuchte sich über Trecker keine Gedanken zu machen, Sonny hätte davor keine Angst. Die beiden kamen völlig aufgelöst wieder bei mir an. Natürlich ist ihnen ein Trecker begegnet und das fand Sonny nicht in Ordnung. Da ging mir auf, dass sie keine Angst vor Treckern hat, *wenn ich dabei bin.*

Ich war bei einem Seminar gerade mit meinen Teilnehmern auf dem Reitplatz, als wir im Stall einen schweren Unfall hatten. Kurze Zeit später kam der Rettungshubschrauber, kreiste über unseren Köpfen, um den besten Landeplatz auszumachen. Die Herden zur Rechten und zur Linken galoppierten in wilder Panik auf und ab. Wir stellten uns nur zusammen, die Leute auf den Pferden stiegen nicht einmal ab, sondern warteten ganz ruhig, bis sich das „Ungeheuer“ wieder verzogen hatte. Aus Sicht der Pferde passierte etwas ganz Schreckliches, aber in der Herde sind sie sicher, wenn das Leittier das sagt. Es hat uns alle so bewegt, was für ein Vertrauen die Pferde in dieser Situation hatten, zumal die Herden, in denen sie normalerweise sind, in völlige Panik ausbrachen. Ich finde, das ist das Allerschönste, was mir mit Pferden passieren kann.

Wir dürfen es den Pferden nicht übel nehmen, dass sie uns so genau betrachten. Sie weisen uns auf unsere allerblindesten Flecken hin, auf unsere jeweilige Tagesform, auf unsere Zwei-

fel und Unsicherheiten, aber auch auf unsere Kraft und Stärke. Wenn ich Jeremy reite, und er geht mit mir entspannt und zufrieden seine Runden, weiß ich, dass alles in Ordnung ist. Wenn er das nicht tut, stimmt irgendetwas mit mir nicht, und das weiß er oft eher, als ich es weiß.
Umgekehrt sehen die Pferde oft schon (Führungs)Stärke, wo die Leute es selbst noch nicht wahrnehmen.
Ich hatte eine Klientin, die erzählte, während sie mit Momo und mir in der Halle war, die schrecklichsten Ereignisse, die sie in der vergangenen Woche erlebt hatte. Schreckliche Dinge, unter anderem von einem schweren Autounfall, den sie überstanden hatte. Das klang so fürchterlich in meinen Ohren, dass mir dabei die Frage in den Sinn kam, ob diese Frau suizidgefährdet sei. Und während ich so überlegte, sah ich, dass Momo unbeirrt hinter dieser Frau herging, sie also als Leitstute akzeptierte. Inzwischen glaube ich der Wahrnehmung meiner Pferde fast mehr als meiner eigenen und fragte die Frau, was an dieser Situation denn Positives gewesen sei. Das hätte ich nie gefragt ohne Momo. Daraufhin erzählte sie ganz stolz, dass sie alles gemeistert hat und dass sie die Unterstützung der Familie und der Freunde hatte. Es wäre ihr vorher nie so klar gewesen, was ihr das soziale Netz an Halt geben würde. Momo hat auf diese Stärkung reagiert, während ich auf die Worte hörte.
Wir kommen also durch die Pferde zu unseren blinden Flecken, ob wir das wollen oder nicht. Es ist zwecklos, dagegen ankämpfen zu wollen, denn es wird ein Kampf, und die Gefahr besteht, dass er eskaliert. Nehmen wir den Spiegel, den die Pferde uns vorhalten, als Chance in der „Lebensschule", dann können wir uns gemeinsam mit unserem Pferd entwickeln.
Kinesiologie und Energiearbeit sind Möglichkeiten, die wirksamsten, die wir kennen, unseren Stress abzubauen, persönlich zu reifen und zu wachsen. Wir müssen weniger kämpfen und bleiben immer mehr in unserer Kraft.

Was spiegeln uns die Pferde ?

Pferde lesen in unseren Körpern bis in das kleinste Detail. Sie sehen uns bis in unser Herz.
Im Umgang mit Pferden und beim Reiten tauchen die gleichen Themen auf, die uns auch im „richtigen“ Leben beschäftigen. Weiß ich eigentlich, was ich will, kann ich mich durchsetzen, kann ich für meine Bedürfnisse sorgen, was fällt mir leicht, was schwer? Muss ich immer alles kontrollieren oder kann ich mich der Situation auch einfach hingeben, einfach sein, ohne etwas tun zu müssen? Hier fällt Ihnen sicher die eine oder andere Frage noch ein.
Mit vielen Themen haben wir Stress, die Gestalt ist noch offen, wir haben noch keine Lösung gefunden. Wenn wir Stress haben, sind wir blockiert, unsere Fähigkeiten und unsere Qualitäten einzusetzen, Neues zu lernen oder auch nur Bekanntes anzuwenden. Das sind die Momente, wo wir auf dem Pferd sitzen und nicht mehr rechts von links unterscheiden können. Und auch der geduldigste Reitlehrer könnte ausrasten. (Wenn er noch engagiert ist und uns nicht innerlich aufgegeben hat.) In dieser Blockade sind wir für die Pferde als Menschen „weg“, wir sind nicht mehr da, um ihnen das Leittier zu sein, das sie brauchen. So fühlen sie sich allein gelassen, verlieren das Vertrauen und machen sich auf ihren eigenen Weg, der nicht mehr mit dem Weg des Menschen übereinstimmen muss. Damit gerät der Mensch noch mehr unter Druck und das Chaos ist komplett. Das Pferd versucht, sich selbst oder sogar seinem Menschen zu helfen. Es kann uns passieren, dass sich die Pferde so verhalten, als wären sie unser Leittier und müssten uns beschützen. Kennen Sie auch solche Situationen, in denen Sie sagen, das weiß mein Pferd besser als ich oder da hat es richtig auf uns aufgepasst und uns mit seinem Instinkt vor einem Unglück bewahrt.

Eine Frau lehnte an der Hallenbande und weinte bitterlich, weil sie so verzweifelt war und nicht aus noch ein wusste. Momo hat sich zunächst gar nicht für sie interessiert. Dann rutschte die Frau zu Boden und rollte sich richtig auf dem Hufschlag ein. Da ging Momo zu ihr, stellte sich neben sie und hielt Wache. Das war so rührend, dass die Frau lachen musste. Sie konnte die Zuwendung und den Trost, den sie zu diesem Zeitpunkt von mir noch nicht nehmen konnte, von Momo, dieser wirklich stark weiblichen und mütterlichen Stute, annehmen.
Ich habe inzwischen kein Problem mehr damit, mich von meinem Pferd „beschützen" zu lassen. (Wahrscheinlich geht jetzt ein Aufschrei durch die Pferdenation.) Ich weiß, dass wir dadurch in keine gefährlichen Situationen kommen, denn ich habe auch Vertrauen zu meinen Pferden. Die Pferde fühlen sich toll, es stärkt ihr Selbstbewusstsein, und ich brauche nicht krampfhaft versuchen, eine Stärke zu demonstrieren, die ich in diesem Moment gar nicht habe. Das geht garantiert schief. Denn so tun, als ob, funktioniert bei Pferden nicht. (Bei Kindern übrigens auch nicht!)
Wir können austesten, ob es für das Pferd ein Bedürfnis ist, dass der Mensch die Führung hat. Gesunden und selbstbewussten Pferden macht es manchmal gar nichts aus, in bestimmten Situationen die Führung zu übernehmen. Wir hatten eine Frau, die hatte Angst, mit ihrem Pferd ins Gelände zu gehen. Das war eindeutig ihre Angst, denn das Pferd hatte keine und war auch bereit, im Gelände auf die Frau aufzupassen. Nur musste die Frau anfangen, sich ihrem Pferd anzuvertrauen und es zu akzeptieren, dass es im Moment so ist. Sie bekam Übungen, die das Glaubenssystem verändern. Sie glaubte nicht, dass sie sich anvertrauen kann und auch nicht, dass sie reiterlich genug kann, um auszureiten. Gleich nach den Übungen ist sie dann doch ausgeritten. Ihre Mitreiterin meinte völlig erstaunt hinterher: „Dann ist sie einfach anga-

loppiert und ich musste hinterher". Pferd und Frau strahlten still vor sich hin.
Ich bin als Jugendliche gern gesprungen, wir haben uns auf der Wiese aus Kanistern irgendwelche Hindernisse gebaut und sind da drüber und hatten einen Riesenspaß. Dann bin ich erst wieder mit Jeremy gesprungen. Wir haben von der Pike auf nach der Chironmethode gelernt. Das Problem war nur, dass Jeremy neben (vor, über, auf) den Hindernissen Geister gesehen und dann fiese Haken geschlagen hat. So bin ich mehrmals heruntergefallen, auch mal mit dem Fuß im Steigbügel hängen geblieben, was mir eine Bänderdehnung bescherte. Daraufhin hatte ich Angst vorm Springen. Dann habe ich mir meinen Hannoveranerwallach Jimmy gekauft, von dem es hieß, er sei früher M-Springen gegangen. Nachdem ich ihn springen sah, glaubte ich das unbedingt. Als wir beide anfingen, miteinander zu springen, hat er darauf gewartet, dass ich etwas tue und ich, dass er etwas tut. So sind wir am Anfang ständig im Hindernis gelandet, bis er wohl gemerkt hat, dass bei mir nichts zu holen ist. Dann ist er so gesprungen, wie er das für richtig hielt. Er hat mir wohl zugetraut, dass ich oben bleibe. Das Problem war nur, dass er mit seinem Springvermögen nicht noch einen Galoppsprung näher an das Hindernis gegangen ist, sondern gleich gesprungen ist. Aber wir sind immer glatt hinübergekommen. Die wenigen Male, die ich versucht habe, Einfluss zu nehmen, habe ich ihn in seinem Fluss gestört und es wurde schräg. Immerhin hat er mich durch mein erstes Reitabzeichen getragen, und die Richterin meinte nur trocken, bedanken Sie sich bei Ihrem erfahrenen Pferd. Was ich natürlich reichlich getan habe.
Kennen Sie das auch, dass das Pferd etwas tut, von dem Sie das Gefühl haben, das tut es nur für mich? Es besteht immer die Gefahr, dass wir die Pferde vermenschlichen, aber meine Erfahrung sagt mir inzwischen, dass mehr zwischen Mensch

und Pferd passiert als herkömmlich angenommen wird. Jimmy hätte nicht mit mir springen müssen, ich habe ihm keinerlei Führung geboten außer zu sagen, welches Hindernis das Nächste ist.

Die Rangordnung ist nicht unveränderbar, sie kann jederzeit neu ausgehandelt werden, wenn sich die persönliche Lage verändert hat. Nur beim „So-tun-als-ob" kann es zu echten Problemen kommen. Ich muss meine Handlungen mit dem Pferd auf meine Befindlichkeit abstimmen. Unfälle sind oft nicht nur unglückliche Zufälle.

Wenn wir lernen, sensibel wahrzunehmen, was bei uns ist, wie es uns geht und was wir jetzt brauchen, dann sind wir mehr im Einklang mit uns selbst.

Ich hatte einen jungen Klienten, der sehr verinnerlicht hatte, dass man als Mann stark sein muss, zu funktionieren hat und etwas erreichen soll. Er stand also mit mir in einer Hallenecke und erzählte mir ausführlich, wie er zu sein hat und was er vernünftigerweise beruflich machen soll. In mir breitete sich leises Gähnen aus (ich denke immer, eigentlich darf das nicht sein, dass ein Klient mich langweilt, einer richtigen Therapeutin passiert das nicht, aber im Laufe der Jahre habe ich gelernt, dass es ein sehr wichtiger Hinweis ist) und Momo stand irgendwann mit abgekehrtem Kopf in der gegenüberliegenden Ecke. Als der junge Mann anfing, wütend zu werden und zu schimpfen, drehte sie sich interessiert um. Als er zu fantasieren anfing, was man so „Verrücktes" beruflich machen könnte, kam sie und stellte sich neben ihn. Auch Weinen und Schreien hat sie nicht abgeschreckt, denn er war in dem Moment stimmig mit sich selbst. Momo reagierte auf diese Stimmigkeit. Es war dann in folgenden Sitzungen so, dass er mir weiter von seinen Plänen erzählt hat, ich heimlich auf mein Gähnen geachtet habe, wir uns immer angesehen haben, ob Momo wieder in ihre Ecke geht oder bei ihm bleibt.

Oft ist es auch so, dass die Pferde mit Kindern oder neuen Klienten superlieb sind, sie machen alles, obwohl ganz genau klar ist, sie müssen das nicht. Viel später fangen sie an, sich zu widersetzen und die Klienten herauszufordern. Die sind dann ganz verwirrt und fragen: Momo hat das doch immer gemacht, was hat sie denn auf einmal. Die Menschen sind stärker geworden und dem Fohlenschutz entwachsen. Jetzt wollen die Pferde wissen, wie die Rangordnung sein soll, sie testen aus.
Für die Klienten ist das oft eine schwere Zeit, aber ich freue mich, weil es für mich bedeutet, dass sich etwas bewegt.
Oft sind die Menschen für die Pferde gar nicht da, wie sollen sie dann Leittier sein? Es gibt auch Pferde, die gar nicht da sind, auch mit ihnen kann man arbeiten. Sie wollen uns als gegenwärtige Person sehen und fordern uns immer wieder auf. Häufig ist es so, dass Schüler mehr damit beschäftigt sind zu überlegen, was sie zu Hause noch alles erledigen müssen, sie sind dann mehr mit der Zukunft beschäftigt, als mit dem Hier und Jetzt der (Pferde)Welt.
Wenn wir, durch Kinesiologie oder durch andere Methoden, unseren Stress abbauen und stärker werden, sind wir für die Pferde ein Gegenüber, mit dem sie sich auseinander setzen können. Wenn wir es schaffen, unsere Energie wieder zum Fließen zu bekommen, sind wir in unserer Mitte, im Gleichgewicht, und können adäquat im Hier und Jetzt auf das reagieren, was uns begegnet.
Wenn wir im Fluss sind, können wir uns entspannen und werden ganz ruhig. Diese Entspannung wirkt sich auch auf die Pferde aus, gerade dann, wenn sie uns als Leittier akzeptiert haben. Wenn das Leittier angespannt ist, bedeutet das für die anderen Herdenmitglieder, dass Gefahr droht, dass sie nicht sicher sind. Pferde wissen nicht, dass unsere Anspannung nichts mit Gefahr zu tun hat, sie wissen nicht, dass die Angst ihres Reiters mit ihrer eigenen Reaktion zusammen-

hängt. Sie wissen nur, Anspannung des Leittieres bedeutet Gefahr. Jeder Reiter kennt das: Wenn Pferde etwas in der Ferne ausgemacht haben, stehen sie ganz starr und spitzen die Ohren. Wenn man sie dann anfasst, fühlen sie sich an, als wäre jede Muskelfaser zum Zerreißen gespannt. Oder man sitzt als Reiter auf dem berühmten Pulverfass. Pferde lernen von klein an, auf die Anspannung ihrer Leittiere zu achten, um schnell reagieren zu können, wenn diese sich entscheiden, die Flucht anzutreten. Nur, wie viele Reiter sitzen mit chronisch verspannten Muskeln auf dem Pferd, wer kennt das nicht, abgehetzt von der Arbeit nach Hause zu kommen, um schnell noch eine Runde zu reiten? Bewegung schafft es, unseren Stress abzubauen und Energien wieder zum Fließen zu bekommen, nur, was ist, wenn wir vor der Bewegung des Pferdes Angst haben? Wenn wir die Pferde zurückhalten und zusammenstellen und ihnen jede Möglichkeit nehmen, ihre Spannung loszuwerden? Wenn es sich nicht schickt, einfach nur mit dem Pferd zusammen zu toben und zu spielen und Spaß zu haben? Dann kommt es zwangsläufig zu einem Gegeneinander.

Mein großer Wallach Jimmy löst sich am besten, wenn wir wild in der Halle herumgaloppieren, mal zur einen, mal zur anderen Hand, möglichst mit fliegendem Galoppwechsel. Er springt dabei nicht immer sauber um und mein Sitz ist dabei oft auch jenseits von gut und böse, aber wir haben eine Menge Spaß. Für die Zuschauer von außen sieht das wie böse Juckelei aus, aber wir brauchen das beide, um unseren „Schrott" loszuwerden und uns mal so richtig auszutoben. Wenn ich dann sage: So, Jimmy, wollen wir noch ein wenig „ernsthaft" arbeiten, dann habe ich ein durchlässiges und gelöstes Pferd, das bereitwillig auf alle Hilfen reagiert.

Macht Ihnen Reiten Spaß? Ich meine, so richtig aus vollem Herzen? So viel Spaß, dass Sie gar nicht genug bekommen können? Fahren Sie glücklich und entspannt von Ihrem Pferd wieder nach Hause – meistens jedenfalls? Oder denken Sie manchmal auch: ich *muss* noch reiten, ich *muss* diese Lektion noch üben, ich *müsste* mal wieder ausreiten, zur Abwechslung für mein Pferd? Ich hatte eine Phase, in der ich überhaupt keine Lust zum Reiten hatte. Nun *muss* ich als Reittherapeutin ja etwas für meine Pferde tun. Andere Menschen, die hatten Spaß mit meinen Pferden. Aber ich?

Wo bleibt unsere Energie, unsere Lebendigkeit und Lebensfreude beim Reiten? Ersticken wir sie in der Norm, wie ein korrekt gehendes Pferd und ein korrekt sitzender Reiter auszusehen hat? Oder finden wir Wege, gemeinsam mit unserem Pferd im Einklang mit uns selbst zu sein?

Probleme, die im Umgang mit Pferden auftauchen

Eigene Befindlichkeit und Geschichte

Wie wir schon ausgeführt haben, hat unsere Psyche einen großen Einfluss auf das Reiten. Alles, was wir denken, fühlen, glauben, spiegelt sich in unserem Körper. Welche Energien strahlen wir aus? Womit haben wir keinen Stress, was hingegen beschäftigt uns? Wie sind wir so geworden wie wir sind? Pferde nehmen uns mit allen Facetten unserer Persönlichkeit wahr und reagieren darauf. Sie lesen in uns wie in einem offenen Buch. Es ist nicht möglich, uns als Person zu leugnen, wenn wir mit Pferden zusammen sind. Wenn wir das tun, besteht die Gefahr, dass wir dem Pferd gegenüber sehr ungerecht werden. Wenn wir zum Beispiel keine Angst zeigen dürfen, sie vielleicht noch nicht einmal wahrnehmen dürfen, sie aber da ist, nimmt das Pferd sie wahr. Es wird dann nicht angaloppieren, über ein Hindernis springen oder allein mit Ihnen vom Hof reiten. Wird das Pferd dann bestraft nach dem Motto, nun „gib dem Bock mal einen hintendrauf, der muss doch wissen, wo es langgeht“? Oder wird die Reaktion des Pferdes ernst genommen und das eigene Verhalten hinterfragt? Ist es mir vielleicht ganz recht, wenn mein Pferd nicht galoppiert? Kann ich mir überhaupt vorstellen, jemals heil über dieses Hindernis zu kommen? Ist mir bei der Vorstellung, allein auszureiten, vielleicht auch mulmig? Die Pferde bekommen zwei Botschaften von uns: Mach das, aber mach das lieber nicht. Das Tragische dabei ist, dass, egal wie das Pferd sich verhält, es etwas falsch macht. Wenn es doch angaloppiert, hat es nicht auf uns gehört und erntet vielleicht klemmende Beine oder einen „Rumpler“ im Rücken. Wenn es nicht angaloppiert, bekommt es einen mit der Gerte. Das nennt man in der Pädagogik eine double-bind-Situation. Ein Mensch (ein Pferd) erhält zwei sich widersprechende Signale: Mach das, aber mach das nicht. Egal, wie Mensch und Pferd reagieren, sie reagieren falsch. Die einzige Lösung aus dieser Situation ist das Aufdecken der zwei Botschaften. Das ist die Verantwortung von uns als Reiter. Wenn meine Pferde etwas nicht machen, wenn ich oder jemand anderes etwas will, obwohl ich weiß, dass sie das können, hinterfrage ich immer, ob es vielleicht zwei Botschaften gibt.

Wenn wir uns mit unserer Geschichte und unserer Befindlichkeit auseinander setzen, verringern wir mehr und mehr die Gefahr, dass wir unsere Pferde in eine Situation bringen, aus der sie nicht herauskommen können. Manchmal bleibt den Pferden nur der Weg zu buckeln, zu rennen oder sich zu widersetzen. Kein Pferd will Sie eigentlich veräppeln oder loswerden. Je mehr wir die Reaktionen des Pferdes ernst nehmen, desto mehr haben wir die Chance, unseren Stress, unsere blinden Flecken und Unklarheiten zu finden und zu bearbeiten.

Ich habe es oft erlebt, dass ich meinen Unterricht begonnen hatte und alles mühsam war. Das Pferd machte nicht, was es sollte, ging nicht vorwärts oder blieb nicht stehen. Die Schüler machten nicht, was ich sagte, nichts ging mehr. Wenn ich dann nach vielen Versuchen, einen Weg zu finden, dass es doch noch klappt, aufgegeben und gefragt hatte, was denn eigentlich los sei, erzählten mir die Schüler, dass ihnen eigentlich mehr danach war, sich einfach nur zu entspannen und zu reden oder mit dem Pferd zu kuscheln und sie gar keine Lust auf Unterricht hatten. Die Pferde wussten das längst.

Inzwischen frage ich vorher, wie es meinen Schülern geht und erst, wenn ich das Gefühl habe, es ist alles in Ordnung, beginne ich zu unterrichten. Oder die Schüler kommen ohne Sattel und sagen, sie wollen lieber dies oder das. Sie fragen, ob sie ausnahmsweise mal Momo nehmen dürften, ihnen wäre so danach. Ich nicke dann und weiß, irgendetwas geht da vor sich. Ich freue mich, dass meine Schüler so sind, dass sie sich selbst mit ihren Bedürfnissen ernst nehmen. Für die Pferde sind auch außergewöhnliche Stunden in Ordnung, solange wir klar mit uns und unseren Bedürfnissen sind. Es wird nur problematisch, wenn wir nicht auf uns hören und irgendetwas tun, nur weil wir vielleicht denken, wir müssten das. Wenn wir nicht im Einklang mit uns selbst sind und nicht so handeln, dann kann es nur zu unseren Lasten gehen, und noch wichtiger, wie ich finde, zu Lasten unseres Pferdes.

Stellen Sie sich doch mal ganz ehrlich folgende Fragen:

- Wie geht es mir im Moment?
- Darf ich Erfolg haben?
- Darf ich glücklich sein?
- Glaube ich daran, dass ich Reiten lernen kann?
- Glaube ich daran, dass ich einen Einfluss auf das Pferd habe?
- Gehe ich liebevoll und geduldig mit mir/mit meinem Pferd um oder schimpfe ich sofort und mache mich und mein Pferd herunter und klein?
- Traue ich mich, meine Wünsche und Bedürfnisse durchzusetzen, auch wenn ich jemandem wehtun muss, kann ich mich durchsetzen?
- Habe ich klare Grenzen und kann diese auch halten?
- Kann ich loslassen, mich hingeben und vertrauen, oder muss ich immer alles kontrollieren?
- Übernehme ich Verantwortung für das, was ich will, was ich tue?
- Habe ich schlechte Erlebnisse aus meiner Vergangenheit, Unfälle etc?

- Sorge ich zuverlässig für mich und mein Pferd?
- Kann ich entspannen und loslassen oder bin ich chronisch verspannt/habe chronische Schmerzen?
- Kann ich mich spüren, mich wahrnehmen, habe ich Körpergefühl, bin ich mir selbst bewusst?
- Möchte ich mich weiterentwickeln, Neues lernen, mich entfalten oder habe ich Angst vor Veränderung?
- Bin ich eher ein pessimistischer Mensch, sehe ich immer nur auf das Schlechte oder auf das, was ich nicht kann? Kann ich das würdigen, was ich kann oder was ich gut gemacht habe?
- Muss ich immer Haltung bewahren (Zähne zusammenbeißen, den Rücken gerade halten etc.)?
- Will ich alles perfekt machen, alles gleich können, oder darf ich Fehler machen, mir Zeit lassen?
- Kann ich Kritik annehmen, als Unterstützung sehen?
- Bin ich in meinem Gleichgewicht, in meiner Mitte?
- Habe ich ein inneres Bild von dem, was ich sein kann, was ich machen will, weiß ich, wie sich das anfühlt?
- Welche Erfahrungen habe ich mit dem Lernen gemacht?
- Ist Lernen für mich schön oder anstrengend?
- Welcher Lerntyp bin ich?
- Was hindert mich am Lernen?
- Darf ich Fehler machen, langsam sein oder Inhalte einfach nicht begreifen?

Gefühle

Einen großen Teil dessen, was wir sind, machen unsere Gefühle aus. Nur ist es in unserer heutigen Gesellschaft fast verpönt, Gefühle zu haben und vor allem zu zeigen. Das spiegelt sich auch in unserer Reiterwelt wider. Wo können wir in herkömmlichen Reitställen über unsere Gefühle sprechen, die wir bei den Pferden und beim Reiten haben? Wo bleibt unsere Angst, unsere Trauer, unsere Scham, aber auch unsere Liebe? Pferde bewegen uns, sie rühren uns an und fordern uns heraus. Was machen wir damit? Wenn wir unsere Gefühle nicht wahrnehmen und ausdrücken, dann entspricht das der Situation, sich ohne Landkarte in einem fremden Land zurechtfinden zu müssen.

Gefühle sind unsere Landkarte und unser Kompass. Wir sind durch sie lebendig. Pferde nehmen unsere Gefühle wahr.

Wenn wir Angst haben, wenn wir traurig sind oder liebevoll, sie merken es einfach und gehen je nach Persönlichkeit damit um.

Ich hatte eine Schülerin auf meiner kleinen Stute Sonny. Schon beim Putzen hatte Sonny sich unmöglich benommen, war unruhig, hatte die Ohren angelegt und sogar nach ihr geschnappt. Beim Reiten war sie nicht anders. Wir hatten Sachen gemacht, von denen ich wusste, dass sie Sonny Spaß machen, aber Sonny war einfach unmöglich. Ich wollte schon anfangen, mich selbst schlecht zu machen, wie ich dazu komme, mit so einem ungezogenen Pferd Unterricht machen zu wollen. Da fragte ich die Schülerin, wie es ihr ginge, ob sie vielleicht sauer oder genervt sei. Und da legte sie los. Ihre Mutter käme zu Besuch, das würde ihr überhaupt nicht passen und und und ... Je mehr diese Frau schimpfte und redete, desto ruhiger wurde Sonny und am Ende der Stunde war sie wieder das ausgeglichene Pferd, das ich kenne. Wenn Sonny jetzt „garstig" ist, frage ich sofort, wie es meiner Schülerin geht. Wenn Jeremy Angst hat oder völlig verspannt ist, kann das mit dem Menschen zu tun haben. Genauso ist es, wenn Momo keinen Schritt mehr geht. Meine Pferde zeigen unterschiedliche Reaktionen, wenn etwas nicht stimmt, das nehme ich sehr ernst.

Wenn wir uns nicht trauen, unsere Gefühle zu zeigen, oder sie vielleicht auch schon nicht mehr wahrnehmen, müssen wir trotzdem etwas mit ihnen tun. Das heißt, die Energien, die die Gefühle freisetzen, müssen irgendwo hin.

Wenn wir sie – aus was für Gründen auch immer – nicht nach außen richten können, richten wir sie nach innen, also gegen uns. Es kostet sehr viel Energie, Gefühle zu deckeln. Wir entwickeln körperliche Symptome, die deutsche Sprache ist voll davon:

- Das schlägt mir auf den Magen.
- Da läuft mir die Galle über.
- Das ist mir an die Nieren gegangen.
- Das zerbricht mir das Herz.

Es kann sein, dass wir verspannt sind, dass gewisse Meridiane abschalten, dass wir uns so gar nicht lebendig fühlen und nur noch funktionieren.

Natürlich geht es nicht, jedes Gefühl immer und überall auszuleben. Wir können nicht dem Polizisten, der uns gerade einen Strafzettel verteilt, einen auf die Nase geben, obwohl uns verständlicherweise danach ist. Aber die Energie muss raus. Vielleicht machen wir einen Dauerlauf oder boxen die Bettdecke oder streiten uns mit unserem Partner. Wichtig ist, dass die Energie rauskommt, *ohne dass jemand anderes leidet und ohne dass wir leiden.* Wenn wir ehrlich sind, mussten unsere Pferde schon etwas ausbaden, was sie gar nicht verschuldet haben. Ich habe mich über meinen Chef geärgert, und wehe, mein Pferd macht heute nicht, was ich will. So lauern wir auf den kleinsten Fehler des Pferdes, um uns mal so richtig durchzusetzen. Oder wir sind traurig, weil uns sowieso niemand mag, und dann wollen wir das Pferd von der Koppel holen und es kommt nicht, obwohl es sonst immer kommt. Leider steht der Herdenchef zwischen uns und dem Pferd, es kann also gar nicht kommen, aber wir beziehen die Reaktion des Pferdes nur auf uns, ohne die Situation des Pferdes zu sehen. Oder es geht uns so gut und wir lieben unser Pferd heiß

und innig und würden am liebsten mit ihm nur herumtollen oder verrückte Sachen machen. Aber wir haben jetzt Reitstunde und müssen noch einmal Schulterherein üben, weil es das letzte Mal gar nicht geklappt hat. Es wird auch diesmal nicht klappen, weil das Pferd immer anzackelt, so lange wir eigentlich lieber toben wollen.
Also:

- Wie gehe ich mit Gefühlen um?
- Darf ich Gefühle haben?
- Welche Gefühle sind in Ordnung, welche darf ich auf keinen Fall zeigen?
- Was tue ich, wenn ich ein Gefühl nicht zeigen mag?
- Welche Gefühle habe ich meinem Pferd gegenüber?

Menschendenken versus Pferdedenken

Menschen und Pferde leben unterschiedlichen Welten. Menschen sind Raubtiere und Pferde Fluchttiere. Daher sind Schwierigkeiten und Missverständnisse vorprogrammiert. Bei Katzen und Hunden hat Schwanzwedeln eine komplett unterschiedliche Bedeutung, bei Hunden Freude, bei Katzen Aggression. Die sind wie Hund und Katz', hört man oft. Es ist möglich, dass Hunde und Katzen zusammenleben, das müssen sie aber lernen. Unsere Aufgabe als Reiter ist es, die Welt aus der Sicht der Pferde zu sehen. Gehen Sie mal mit Ihrem Pferd spazieren und betrachten die Umgebung genauso intensiv, wie unsere Pferde das tun. Es ist so schön, sie lehren uns zu sehen. Viele Reaktionen unseres Pferdes kommen aus der Pferdewelt und sind für uns Menschen erst mal unverständlich. Ich kann aber lernen, die Welt wie ein Pferd zu sehen, und dann machen Reaktionen Sinn. Mein Pferd geht nicht durch die Pfütze, weil es nicht wissen kann, wie tief sie ist, ob Verletzungsgefahr droht. Wenn Sturm ist und die Reithalle knackt und knistert, kann das Pferd nicht wissen, dass sie nicht jeden Moment einstürzen wird. Wissen wir das oder fühlen wir uns bei Sturm vielleicht auch nicht ganz wohl? Wenn Stroh gefahren wird und der Trecker direkt auf uns zukommt, weiß das Pferd nicht, dass es das Stroh ist, was abends in seiner Box liegt. Wenn wir uns dazu noch anspannen, weil wir die Reaktion des Pferdes fürchten, denkt das Pferd, wir spannen uns an, damit wir flüchten können und will am liebsten nur auf und davon.

- Kann ich mich auf die Welt der Pferde einstellen?
- Kann ich das Pferd als Pferd sehen?

Stress durch das Pferd

Wir können als Reiter auch Stress und Probleme mit unserem Pferd haben, bei denen die Ursache eindeutig beim Pferd liegt. Selbst wenn wir gute Reiter sind, entspannt und im Einklang mit uns selbst, haben wir es immer noch mit einem Lebewesen zu tun. Ich möchte nicht den Pferden die Schuld geben, auch nicht dazu auffordern, wieder alle Verantwortung dem Pferd zuzuschreiben, nach dem Motto: „der Bock läuft nicht, wie er soll, verkauf ihn lieber und such dir ein vernünftiges Pferd", aber wir müssen bei einigen Problemen hinterfragen, ob die Ursache auch ganz klar beim Pferd liegt, sei es beim Charakter oder beim Körperbau, also Interieur oder Exterieur, bei der Ausbildung oder in der Biographie.

Wenn Sie Angst haben, mit ihrem Pferd ins Gelände zu gehen, kann dies eine realistische und vernünftige Angst sein, nämlich dann, wenn Sie genau wissen, dass Ihr Pferd im Gelände schreckhaft ist. Vielleicht war es mal in einen Autounfall verwickelt und geht beim Anblick des Autos durch, oder es ist beim Reiten bergab ausgerutscht und gefallen. Auch unerfahrene Pferde sind oft noch ängstlich und scheu und müssen langsam, am besten zusammen mit anderen Pferden, an das Gelände gewöhnt werden. Dieses Unbehagen oder diese Angst hindert uns daran, größenwahnsinnig zu werden und uns selbst zu überschätzen.

Stress kann auch durch die Art des Einreitens und der Ausbildung bedingt sein. Wenn das Pferd nie gelernt hat, seinen Rücken und seine Hinterbeine richtig einzusetzen, sondern sich mit durchgedrücktem Hals und angespanntem Rücken den reiterlichen Hilfen entzieht, dann können Sie noch so gut reiten können, Sie müssen in der Ausbildung mehrere Schritte zurückgehen, um den Stress dort zu beseitigen, wo er aufgetreten ist.

Auch der Charakter eines Pferdes ist zu beachten. Sehr kluge Pferde können eine wahre Freude sein, sie sind gelehrig und aufmerksam. Sie lernen aber auch ganz schnell Unsinn und fordern uns immer wieder heraus. Mancher Reiter wäre mit einem weniger intelligenten Pferd besser beraten. Umgekehrt kann ein Pferd, das langsamer lernt, einen begabten Reiter zur Weißglut bringen. Dasselbe Pferd wäre für einen fortgeschrittenen Anfänger genau richtig. Hier stellt sich die Frage, wie die Charaktere von Reiter und Pferd zusammenpassen.

Viel zu oft wird den Pferden die Schuld gegeben, wenn etwas nicht so ist, wie der Reiter es sich vorgestellt hat. Umgekehrt gibt es aber auch Reiter, die die Ursache der Probleme nur bei sich selbst suchen. Dieses Spannungsfeld macht unsere Arbeit sehr komplex, aber auch sehr interessant. Es ist sicher nie nur das Eine oder das Andere, daher müssen wir beide Lebewesen beachten.

Also:

- Kann Ihr Pferd seelisch und körperlich das leisten, was Sie von ihm möchten?
- Können Sie Ihrem Pferd das geben, was es braucht?
- Entspricht die Ausbildung dem Leistungsstand?

- Hatte Ihr Pferd schlechte Erlebnisse oder Unfälle, auf die es reagiert?
- Ist Ihr Pferd verkehrssicher und geländesicher? Schmiede-, Hufpflege- und verladefromm?
- Hat es Schmerzen, Blockaden, Verspannungen?
- Passen Ihr Pferd und Sie zusammen? Vom Ausbildungsstand, vom Charakter und Temperament? Wo können Sie sich zusammenraufen, wo geht es absolut nicht?

Führungskraft

Wir als Reiter müssen uns klar sein, dass wir immer, wenn wir mit unserem Pferd zusammen sind, einen Herdenverband eingehen. So denken die Pferde. Es sei denn, wir benehmen uns so als Raubtier, dass sie Angst vor uns haben. Pferde wollen wissen, wo sie mit uns in der Rangordnung stehen. Wenn wir Leittier sind, haben sie Respekt, aber keine Angst vor uns. Wir müssen uns in die Sicht der Pferde hineindenken, denken wie ein ranghohes Pferd. Würde sich ein Chef dieses Verhalten gefallen lassen? Wie würde er reagieren? Es sei denn, das ist nicht stimmig mit uns selbst. Hier ist die Aufgabe, wirklich klar und ehrlich zu uns selbst und zu unserem Pferd zu sein.
Ich hatte einen Mann als Klienten, um die fünfundvierzig, Bodybuildertyp. Zu Beginn wusste ich gar nicht, was er beim therapeutischen Reiten wollte. Als ich ihm Momos Strick in die Hand drückte und ihn aufforderte, schon mal zum Platz zu gehen, wusste ich es. Momo ist mit ihm nicht einen Meter gegangen. Keinen Schritt. Ich schwankte zwischen dem Gedanken, dass meine Pferde ungezogen sind und sich nicht benehmen können, und der Neugierde, worauf Momo so stark reagiert hat. Ich habe etliche Stunden mit ihm mit Momo am Strick verbracht, die waren für ihn sicher nicht immer angenehm, aber langsam haben wir es herausgefunden. Er hat kei-

nen wirklichen Kontakt zu Momo aufgenommen, genauso hätte er ein Motorrad von A nach B schieben können. Und er wollte Momo mit Kraft dahin bringen, das zu tun, was er wollte, ohne sie als lebendiges Wesen zu sehen. Momo hat nur gesagt: „Weißt Du, wenn Du das mit Kraft willst, das kann ich auch". Wenn ein Kaltblut keinen Schritt gehen will, können drei Männer schieben, es rührt sich nicht vom Fleck. Führung ist keine Frage von Kraft und Gewalt. Das musste auch dieser Mann erfahren. So nach und nach dämmerte ihm, dass er mit seinen Mitmenschen auch so umgegangen ist.
Also:

- Weiß ich immer, was ich will und was ich tue?
- Glaube ich an meine Führungskraft?
- Kann ich das, was ich will, durchsetzen?
- Wie setze ich mich durch?
- Wie klar bin ich mit dem, was ich will und was ich tue?
- Will ich die Führung haben oder will ich lieber geführt werden?

Notwendigkeiten und Entscheidungen

Indem wir Pferde in einer Menschenwelt halten, haben wir auch die Verantwortung für sie. Wir müssen täglich Entscheidungen fällen, die das Pferd betreffen. Stress kann entstehen, wenn wir versuchen, dieser Verantwortung auszuweichen. In der Reiterwelt ist es oft so, dass der eine Experte das und der andere Experte das Gegenteil sagt. Was mache ich mit solchen Situationen? Lasse ich mein Pferd impfen? Hufeisen oder kein Hufeisen? Welcher Sattel? (Mein Freund bekommt schon die Krise, wenn er nur den Satz „Sattel passt nicht mehr" hört.) Mein Pferd muss in den Hänger. Mein Pferd ist krank, hole ich den Schulmediziner oder den Akupunkteur? Mein Pferd ist alt, was mache ich?

Diese Liste könnte man noch beliebig erweitern.
Also:

- Nehme ich diese Verantwortung an oder macht mir das Druck?
- Sorge ich zuverlässig für mich selbst, für mein Pferd?
- Bin ich genervt von der Pflege und Sorge um mich, um mein Pferd oder kann ich das als Notwendigkeit annehmen?
- Ist mein Pferd besser versorgt als ich, besser geimpft etc.?
- Wie gehe ich mit Themen wie Krankheit, Unfall, Tod um?
- Kann ich mein Pferd einfach in den Hänger laden und transportieren?
- Passt die Ausrüstung und entspricht sie unserem Leistungsstand?

Trainingszustand – Physiotherapie

Es ist wohl jedem Reiter klar, dass unser körperlicher Zustand einen großen Einfluss auf unser Reiten hat. Ist mein Körper überhaupt in der Lage, den Anforderungen des Reitens gerecht zu werden? Habe ich genug Kraft, Ausdauer und Kondition, um eine Reitstunde durchzuhalten?
Ich habe immer gedacht, ich bin ein relativ ausgeglichener und entspannter Mensch, bis ich einmal einem professionellen Masseur „in die Hände gefallen" bin. Nach der ersten Massage fühlte ich mich, als hätte Momo auf meinem Rücken Galopppirouetten gedreht; und das war erst der Anfang. Wie soll ein Pferd unter mir locker und entspannt gehen, wenn ich mit einem solchen Muskelpanzer auf dem Pferd sitze? Wie soll ich dabei den Anweisungen meiner Reitlehrerin Folge leisten, bestimmte Muskeln zu nutzen, wenn diese chronisch verspannt sind? Wie gesagt, ich hätte schwören können, meine Muskeln sind das nicht! Nach einem Unfall durfte ich 5 Monate überhaupt nicht reiten. Als ich langsam wieder angefangen

habe, musste ich feststellen, wie viel Kraft ich haben muss, mich auf dem Pferd zu stabilisieren. Vorher habe ich meinen Schülern gesagt, sie müssten sich einfach nur entspannt hinsetzen und locker mitschwingen, und habe mich gewundert, warum sie das „einfach" nicht machen wollten.

Muskeln und Sehnen können zu kurz oder nicht kräftig genug sein. Durch Massage, Übungen und Training können wir unseren körperlichen Zustand verbessern. Dabei müssen wir aber überprüfen, ob nicht ein energetisches Problem vorliegt, weil sich dieses in den gleichen Symptomen äußern kann. Auch hier kann man kinesiologisch testen.

Also:

- Wie ist mein Trainingszustand?
- Tue ich etwas für Beweglichkeit und Fitness?
- Wärme ich mich vor dem Reiten auf?
- Tue ich etwas für meine Gesundheit?

In unserer Arbeit mit all diesen Blockierungen in allen Varianten entwickelte sich eine rege Zusammenarbeit mit Michael Schalla, der uns als Sportphysiotherapeut mit einem gezielteren Blick bestätigen konnte, was wir zum Beispiel über Körperscanning als blockierte Stellen herausgefunden hatten.

Hier nun ein Beispiel, wie sich so ein Befund von seiner Seite liest:

Die Einnahme des richtigen Sitzes und der korrekten Armhaltung beim Reiten ist schon allein durch das Vorhandensein eines gewissen Maßes an Muskelkraft determiniert, damit es nicht zu Überlastungssymptomen wie Reizzuständen an Sehnen und Gelenken oder Gelenksblockaden kommen kann.

Andererseits nimmt das Pferd bereits vorhandene Blockaden und Haltungsdefizite des Reiters auf und wird dadurch geschädigt.

In der physiotherapeutischen Vorabbefundung von Reitern oder solchen, die es werden wollen, zeigt sich häufig die körperliche Manifestation einer Überlastung durch Arbeit und einer Unzahl von

Umweltreizen, die den Überlebensmodus permanent angeschaltet lassen.

Fallbeispiel: Magdalena F., 32 Jahre alt, Leiterin eines großen Kindergartens.
Die berufliche Belastung setzt sich aus Schreibtischtätigkeit und niedrigen Arbeitshöhen mit den Kindern zusammen. Sie hat selbst zwei Kinder in der Grundschule. Als Ausgleich zu Arbeit und Familie würde sie gerne reiten lernen.
Frau F. ist zurzeit in zahnärztlicher Behandlung wegen nächtlichen Zähneknirschens und soll eine Bissschiene angepasst bekommen. Sie klagt über häufigen Spannungskopfschmerz, Schmerzen in der rechten Schulter, ausstrahlend in den Arm, und bei längerem Gehen oder Laufen über Schmerzen in der rechten Oberschenkelaußenseite, die zeitweise bis ins Knie ausstrahlen und Bewegung unmöglich machen.
Befund: Frau F. hat eine Blockade im ISG rechts, dem Gelenk zwischen Kreuzbein und Hüftschaufel, mit einer nach vorne unten verhafteten Hüftschaufel. Diese Beckenringgelenke links und rechts müssen frei beweglich sein, um das harmonische Miteinander von Ober- und Unterkörperbewegungen zu gewährleisten.
Die Reitlehre fordert eine locker mitschwingende Mittelpositur, um geschmeidig in die Bewegung des Pferdes eingehen zu können. Mit dieser Form von Blockade ist das schlichtweg unmöglich. Da kann stundenlange Sitzschulung nichts bewirken, solange die Ursache nicht behandelt ist.
Diese Blockade zwingt das rechte Bein in Hüftstreckung und Auswärtsdrehung, während die andere Hüfte versucht, der „steifen" anderen Seite auszuweichen und sich tendenziell in Hüftbeugung und Einwärtsdrehung einrichtet. Dadurch wird ein Bein scheinbar länger, das rechte erscheint länger als das linke, ist es aber nicht.
Es wird dadurch unmöglich, die Beine gleichmäßig am Pferdebauch anliegen zu haben. Zum einen kann die Bewegung nicht

locker in den Absatz hineinschwingen, zum anderen kann das Pferd mit den unterschiedlichen Schenkelhilfen nichts anfangen. Der Reitlehrer wird mehr oder weniger lange geduldig erfolglos die Schenkellage korrigieren.

Im parallelen Stand drückt Frau F. deshalb das linke Knie durch, während sie das rechte etwas beugt. Somit verschiebt sich die linke Hüfte nach links, was der Körper eine Etage darüber in der Wirbelsäule durch eine seitliche Biegung, eine Skoliose, auszugleichen versucht.

Dieses macht es ihr unmöglich, korrekte Wendungen zu reiten, weil sie nicht die jeweils innere Hüfte vorschieben kann. Das macht einerseits die korrekte Gewichtshilfe schwierig, andererseits kann sie in den Wendungen ihr Gleichgewicht nicht halten. Auch die Galopphilfe wird ihr schwerfallen.

Am Ende, um die Statik des Körpers im Gleichgewicht zu halten, zieht Frau F. die rechte Schulter hoch, der Kopf dreht und neigt sich nach rechts, damit er wieder die gerade Blickebene erreicht.

Dadurch werden Schulter- und Nackenmuskulatur angespannt. Zu beobachten war, dass sie demzufolge die Zügelhände nicht ruhig halten konnte.

Gleichzeitig dreht ihre Brustwirbelsäule zusätzlich nach links. Die Brustwirbelsäule ist in ihrer natürlichen Krümmung verstärkt, weil die zu schwache Rückenmuskulatur sie nicht in ihrer Position halten kann. Dadurch verkürzt sich die Brustmuskulatur. Die Muskulatur der Schulter, die die Arme einwärts dreht, hat Übergewicht erhalten. Dadurch werden die Schultern vorgeschoben und der Nacken in eine übermäßige unnatürliche Beugung gezwungen, damit die gerade Blickebene erreicht werden kann. Die gesamte Schultergürtelmuskulatur ist schmerzhaft verspannt.

Es ist ihr insgesamt nicht möglich, aufrecht und gerade zu sitzen, sondern die Schultern fallen nach vorne. Damit sitzt sie nicht in ihrem natürlichen Gleichgewicht und hüpft im Sattel.

Insgesamt ist durch die ISG-Blockade das Gangbild gestört. Die

Hüften „schwingen“ nicht . Beide Füße rollen nicht mehr physiologisch ab – die Fußsohlenmuskulatur ist schmerzhaft verspannt und kann nicht lange belastet werden.
Auch das Halten der Steigbügel bereitete ihr sichtlich Probleme, weil ihre Zehen verkrampft sind und ihr Fußgelenk nicht locker ist.

Was ist zu tun?

- Beseitigung schädlicher Einflüsse am Arbeitsplatz (Arbeitshöhen etc.).
- Deblockierung von TMG, ISG und Kiefergelenke.
- Gezieltes, individuelles, zu Hause zu absolvierendes Programm zur Dehnung verkürzter Muskeln bzw. zur Kräftigung zu schwacher Muskeln.
- physiotherapeutische Haltungskorrektur.
- Abklärung und Beseitigung von Stressoren, um die Haltungskorrektur stabil zu machen und neuerliche, stressbedingte Blockaden zu verhindern.
- Regulierung des Energieflusses über „Touch for Health“ (TFH) und andere kinesiologische Methoden.
- Dosiertes Heranführen an die Reitbelastung.

Motivation fürs Reiten

Reiten kann für jeden Reiter etwas sehr Unterschiedliches bedeuten. Die einen reiten, um sich körperlich fit zu halten, die nächsten haben Freude am Wettkampf, andere wiederum wünschen sich einfach nur den Kontakt mit Pferden, um in Bewegung zu bleiben und Natur und die eigene Lebendigkeit zu erleben. Manchmal können Pferde Familie bedeuten, manchmal Freunde oder sogar Therapeuten. Reiten verbindet mit anderen Reitern und schafft Kontakte. Wichtig dabei ist, dass wir uns über unsere Motivation im Klaren sind, und entsprechend unser Pferd und unseren Reitstil danach aussuchen. Will ich auf Turniere gehen, darf ich mir kein Kaltblut kaufen. Will ich gemütliche Ausritte machen, vielleicht sogar mal einen Wanderritt, dann ist ein Kaltblut vielleicht genau das Richtige. Viel Stress entsteht, wenn mein Ziel und mein Pferd nicht übereinstimmen. Bestimmte Pferde können aufgrund ihres Körperbaus bestimmte Lektionen nicht gehen. (So ist das. Fertig!) Und das meine ich durchaus rasseübergreifend. Es ist ungerecht und gewalttätig, Pferde in Lektionen zwingen zu wollen. Auch bei den Menschen ist es nicht anders, oder können Sie sich einen Zwei-Meter-Mann graziös beim Bodenturnen vorstellen? Da ist ein Handballfeld sicher der bessere Platz für ihn.

Das heißt, ich muss meine Ziele und meine Motivation klar sehen und überprüfen, ob dieses Pferd dazu passt. Und vielleicht ist es besser, sich von einem Pferd zu trennen, wenn ich damit mein Ziel nicht erreichen kann. Dasselbe Pferd kann für einen anderen Reiter genau das Richtige sein. Oder aber ich muss meine Motivation überprüfen. Wozu brauche ich das, ständig auf Turniere zu gehen, wozu ist es wichtig, dass ich gewinne oder zumindest platziert werde? Kann ich mich darüber freuen, dass ich mein langjähriges Pferd für seine Verhältnisse optimal reite und ausbilde oder brauche ich die Bestätigung in Form von Turniersiegen? Sportlicher Wettkampf kann Spaß machen, solange niemand, schon gar nicht das Pferd, so unter Druck kommt, dass es zu viel ist.

Vielleicht träume ich auch davon, für mein Pferd der wichtigste Mensch auf der Welt zu sein, es soll nur mich sehen und am liebsten fröhlich wiehernd auf mich zugetrabt kommen. Natürlich wollen wir das alle gern. Nur, was passiert, wenn das Pferd doch lieber mit seinen „Kumpels“ toben will, wenn das Gras auf der Weide gerade jetzt so gut schmeckt? Kann ich mein Pferd ein Pferd sein lassen, mich in mein Pferd hineindenken? Oder fühle ich mich abgelehnt und gekränkt? Nicht mal mein

Pferd mag mich mehr, denken Sie dann vielleicht? Denke ich, dass mein Pferd keine Lust hat, mit mir zu arbeiten, dass es sich langweilt oder mich nicht mag? Hier müssen wir deutlich unterscheiden, was wir von unseren eigenen Bedürfnissen und Wünschen auf das Pferd projizieren. Es ist manchmal gar nicht so einfach, das auseinander zu sortieren. Was ist unser Menschendenken, was nehmen wir von dem Pferd auch richtig wahr?

Ich hatte eine Schülerin, die sollte sich mit Jeremy bekannt machen. Plötzlich brach sie in Tränen aus und sagte, das Pferd fühlt sich so einsam. Dabei stand er da völlig entspannt und döste in der Sonne. Ich muss dann überprüfen, ob diese Frau etwas wahrgenommen hat, was ich in der Hektik des Alltags übersehen habe, oder ob es ihre eigene Einsamkeit ist.

Bei Seminaren stelle ich am Anfang oft meine Pferde draußen hin und fordere die Teilnehmer auf, zu den Pferden zu gehen und zu spüren, wie es ihnen mit jedem einzelnen Pferd geht. Wenn ich dann frage, zu welchem meiner Pferde es sie spontan hingezogen hat, erhalte ich die verschiedensten Antworten. Manchmal kann ich es vorhersehen, wer sich welches Pferd aussucht, manchmal wiederum bin ich total überrascht. Wer es eher braucht, getragen zu werden und sich fallen lassen zu können, wird sich ein anderes Pferd aussuchen als derjenige, der Spaß an der Herausforderung hat und sich sicher fühlt. So kann ich schon etwas darüber erfahren, was die Menschen bei den Pferden zu finden hoffen. Auch für die Reitstunden brauche ich einen klaren Auftrag. Wenn ich anfange, Seitengänge zu unterrichten, während der Reiter mehr die Entspannung sucht und sich tragen lassen will, unterrichte ich an den Bedürfnissen des Reiters vorbei und der Stress ist vorprogrammiert.

Haben Sie sich schon mal folgende Fragen gestellt?

- Was sehe ich im Reiten?

- Was bedeuten mein Pferd und das Reiten für mich, Entspannung, Sport, Bestätigung und Status, Familie, Kinderersatz etc.
- Welche Ziele möchte ich erreichen?
- Sind meine Wünsche und Ziele realistisch?

Zustand des Energiesystems

So wie unser Trainingszustand einen Einfluss hat auf das Reiten, so ist es auch wichtig, den Energiefluss im Körper zu beachten und zu harmonisieren. Die energetische Arbeit wird immer wichtiger in unserem Konzept. Wie oft habe ich jemanden auf meinem Pferd sitzen, der nicht einmal rechts und links unterscheiden kann. Oder der meine Hilfen wirklich nicht hören kann. Da denkt man als Reitlehrer oft: Kann dieser Mensch nicht einfach mal das machen, was ich sage? Nein, er/sie kann es wirklich nicht. Es kann sein, dass die Verbindung von rechter und linker Gehirnhälfte unterbrochen ist. Wir können Übungen machen, die beide Hälften wieder integrieren.
Es kann sein, dass ein Stress aus der Vergangenheit aufgetaucht ist und die Führung übernommen hat. Derjenige ist dann so alt wie damals, als der Stress zum ersten Mal aufgetreten ist. Da sitzt dann ein Mensch auf dem Pferd, der drei, sieben oder elf ist, mit nur den Möglichkeiten, die in der Altersstufe vorhanden waren. Manche Stressoren reichen in ein Alter zurück, als dieser Mensch noch nicht sprechen konnte. Also kann der Stress gar nicht verbal ausgedrückt werden.
Wenn ich die Situation durchschaue, kann ich als Reitlehrerin nur versuchen, denjenigen auf irgendeine Art und Weise aus diesem Zustand wieder herauszuholen. Manchmal reicht eine Pause, manchmal hilft ein Gespräch oder wir testen denjenigen kinesiologisch aus. Kinesiologie hat den Vorteil, dass Reitlehrer keine Psychotherapeuten sein müssen, um den Men-

schen aus ihrem Stress zu helfen. Erst, wenn die Schüler wieder in ihrem Erwachsenenalter angekommen sind, kann der Unterricht normal fortgesetzt werden. Kennen Sie es von sich selbst auch, dass Sie sich wie ein trotziges Kind oder eine schüchterne Pubertierende fühlen oder benehmen? Oder Sie sind so im Stress, dass Sie nicht rechts und links unterscheiden können.

Es kann auch sein, dass in bestimmten Situationen immer ein bestimmter Meridian abschaltet. Das heißt auch, dass der dazugehörige Muskel nicht eingesetzt werden kann oder keine Kraft hat. Durch Halten und Massieren bestimmter Punkte können wir die Energie wieder zum Fließen bekommen.

Ganz oft ist es so, dass die Reiter nicht glauben, dass sie eine bestimmte Lektion reiten oder bestimmte Situationen bewältigen können. Unser Glaubenssystem hindert uns daran, das zu tun, was notwendig ist. Wir fragen dann immer, glaubst du daran, dass ... Wenn der Arm schwach testet, ist klar, dass der Reiter nicht daran glaubt. Auch hierfür gibt es eine Übung, die kleine Wunder bewirkt. Manche unserer Reiter bekommen als „Hausaufgabe“, diese Übung immer vor dem Reiten zu machen.

Also:

- Sind meine Energien im Fluss?
- Welche Meridiane haben zuviel, welche zuwenig Energie?
- Welche Chakren sind im Ungleichgewicht oder blockiert?
- Was kann ich tun, damit meine Energien wieder zum Fließen kommen?

Körperliche Beeinträchtigungen

Unser Körper ist, wie er ist. Manches können wir durch gezielte Gymnastik und Training verändern, anderes wiederum nicht. Zum Beispiel haben unsere Körperproportionen einen Einfluss

auf das Reiten. Reiter mit einem langen Oberkörper und kurzen Beinen haben einen anderen Schwerpunkt als Reiter mit kurzem Oberkörper und langen Beinen. Wenn ich mit meinen 1,57 Meter auf Momo mit ihrem beträchtlichen Bauchumfang sitze, habe ich schon ein komisches Gefühl. Gerade mit zunehmendem Alter verändert sich der Körper und kann sich nicht mehr so geschmeidig den Anforderungen des Reitens anpassen. Wichtig für uns ist, dass wir Wege finden, damit umzugehen. Genauso kann das Pferd Probleme haben, die mit dem Exterieur zu tun haben. Meine kleine Stute Sonny hat sich beim Galoppieren immer furchtbar aufgeregt; je länger sie galoppierte, desto schlimmer wurde es. Wir haben immer mit ihr geschimpft. Jetzt haben wir über die Kinesiologie herausgefunden, dass ein Band verkürzt war und sie deswegen nicht ihr Hinterbein dahin bekommen konnte, wo sie es für den Galopp brauchte. In ihrem verzweifelten Bemühen, es doch noch zu schaffen, wurde sie schneller und schneller. Jetzt schäme ich mich vor ihr, dass wir so mit ihr geschimpft haben, ohne zu hinterfragen, was sie zu so einem Verhalten bringt.
Solche Problemzonen bei Mensch und Pferd kann man austesten, um zu erfahren, was da los ist.
Also:

- Gehe ich bewusst und liebevoll mit mir und meinem Körper um?
- Wie ist mein Körper (Proportionen, Körpergefühl etc.)?
- Kann ich Behinderungen und körperliche Beeinträchtigungen annehmen?
- Vergleiche ich mich immer mit dem Ideal und versuche, dem zu entsprechen?
- Versuche ich, das Beste für mich und meinen Körper herauszufinden?
- Kann ich die Beeinträchtigungen meines Pferdes sehen und annehmen?

- Was mache ich daraus, dass mein Pferd gewisse Lektionen aufgrund seines Körperbaus nicht machen kann?
- Habe ich Krankheiten oder Allergien?

Blockaden bei Mensch und Pferd

Blockaden gibt es überall, sei es auf der körperlichen Ebene in der Wirbelsäule oder in den Gelenken, sei es auf der psychischen Ebene in Form von Lernstörungen oder Blackouts. Manchmal haben Mensch und Pferd sogar an der gleichen Stelle Blockaden. Blockaden hindern uns daran, unsere Möglichkeiten und unser Wissen voll einzusetzen, Neues zu lernen, überhaupt etwas zu tun. Wenn wir blockiert sind, sind wir für uns, für unser Pferd und für unsere Umgebung nicht mehr da. Nichts geht mehr. Wie oft sehe ich, dass die Reiter die Bewegung nicht bis zum Ende durchschwingen lassen. Oder nichts von dem, was ich ihnen im Unterricht erzähle, umsetzen können. Und auch die Pferde können die Hinterbeine nicht untersetzen, weil sie in der Wirbelsäule blockiert sind.
Über die Kinesiologie können wir austesten, wo der Stress sitzt, damit die Blockaden wieder gelöst werden können.
Eine Schülerin von mir blockiert manchmal so, dass sie die kleinste Hilfe von mir nicht mehr annehmen kann, und zwar immer dann, wenn sie Angst bekommt, denkt sie auf einmal, sie kann gar nichts, es kann gar nicht klappen, und fühlt sich völlig unfähig. Und je mehr ich rede oder versuche, desto schlimmer wird es. Ich muss sie da manchmal richtig „rausschütteln“. Dann hatte ich sie mal auf einem Seminar gebeten, mir eine Kleingruppe abzunehmen und mit dieser Bodenarbeit zu machen. Eigentlich habe ich sogar nur gesagt, „mach etwas mit denen“. Das hat sie hervorragend gemacht. Am nächsten Tag erzählte sie mir ganz stolz, dass sie danach noch geritten

Wieviel Stress haben Sie in folgenden Situationen?

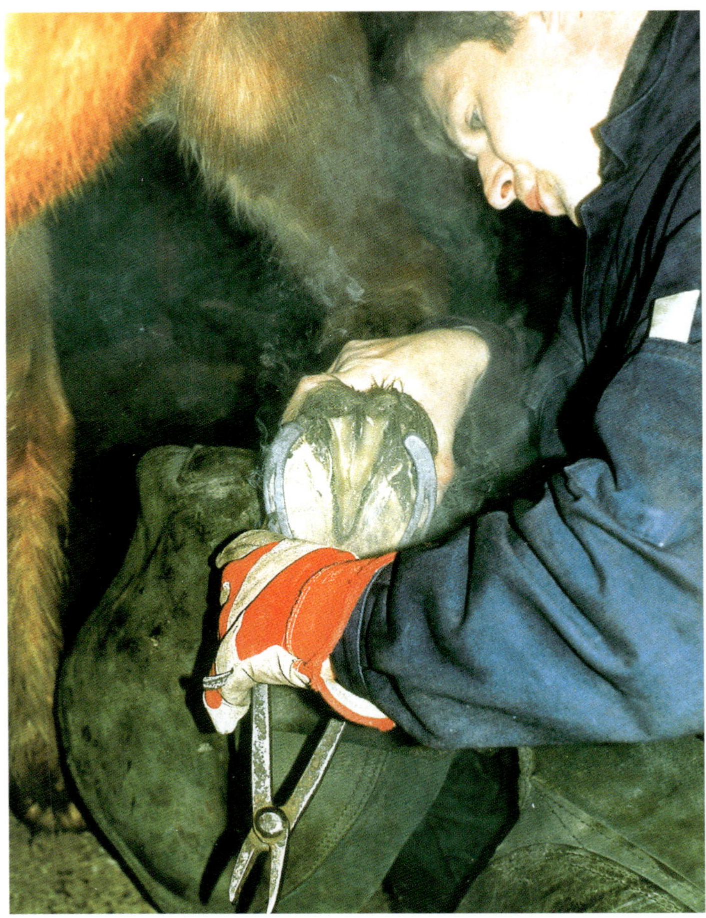

Betrachten Sie bitte folgende Bilder und stellen Sie sich vor, dass Sie und Ihr Pferd in der dargestellten Situation sind. Bestimmen Sie den jeweilligen Stresswert, aber auch den Wohlfühlwert. Anschließend nehmen Sie das Bild heraus, das Ihnen am meisten Stress bedeutet und führen die Klopfsequenz NAEM durch (vgl. Text S. 146 und Bild S. 36). 0 = kein Stress, 10 = absoluter Stress
0 = kein Wohlfühlen, 10 = absolutes Wohlfühlen

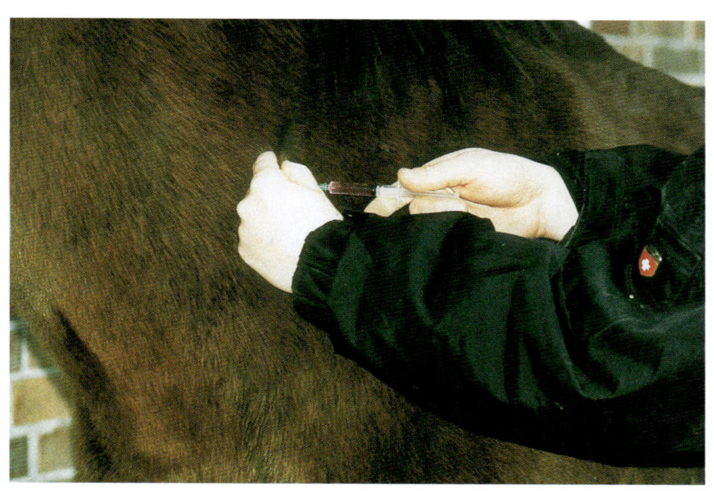

RD
RD 928

ist und sich ohne Longieren gleich aufs Pferd gesetzt hat, und es war alles kein Problem mehr. Ja, habe ich hinterher gedacht, durch das Seminar, sie sagt, auch durch mein Vertrauen in sie, das zu machen, hatte sie noch die „Energie“ von: Ich kann etwas, ich kann sogar etwas vermitteln. Diese Energie hat sie mit auf das Pferd genommen. Das war für sie ein völlig neues Reitgefühl. Jetzt weiß sie, wo sie hin will und wie sich das anfühlen kann.

Als ich Jimmy gekauft habe, war er so steif, dass alle vier Hufe über den Boden geschleift wurden und er sich auf Asphalt innerhalb kürzester Zeit die Zehe abgeraspelt hat. Aber ich suchte ein Therapiepferd und dabei achte ich auf andere Sachen. Ich dachte, er ist so, und wir müssen das Beste daraus machen. Er war furchtbar triebig, und es war sehr mühsam, ihn zu traben und zu galoppieren. Mir wurde sogar schon öfter nahe gelegt, ihn doch in Rente zu schicken, ihn nicht mehr so zu beanspruchen. Bis wir daran gearbeitet haben, seine Blockaden zu lösen. Ich weiß nicht mehr, wie viele Blockaden wir bei Jimmy gelöst haben, es knackte und knirschte überall. Auf einmal ist er mit mir im Galopp über den Platz geschossen und man sah ihm richtig an, dass er wieder Freude an der Bewegung bekam. Es war für mich ein unglaubliches Gefühl, als er zum ersten Mal von alleine angetrabt und sogar angaloppiert ist.

Das gilt übersetzt genauso für uns Menschen. Wenn tatsächliche körperliche Blockaden, besonders im Bereich des Ileosacralgelenks vorhanden sind, dann müssen diese erst gelöst werden, damit die interne Körperkommunikation wieder hergestellt werden kann. Und das zieht dann auch die entsprechende Kommunikation mit dem Pferd nach sich.

Also:

- Gibt es bei mir und meinem Pferd Blockaden? Psychisch oder körperlich?

- Wie wirken sich Blockaden auf mich und mein Pferd aus?
- Gibt es Blockaden, die immer wiederkommen?
- Tue ich etwas dagegen?
- Bin ich offen dafür, dieses Thema anzugehen?

Probleme mit der eigenen Körperlichkeit

Die Trennung von Körper, Geist und Seele ist ein theoretisches Konstrukt. In Wirklichkeit ist das nicht zu trennen. Jeder Eindruck auf der psychischen Ebene hat eine Entsprechung auf der körperlichen. Und umgekehrt hat unser Körper einen Einfluss auf die Psyche. Wenn wir uns zum Beispiel erschreckt haben, zeigt sich das im Körper durch weiche Knie. Probieren Sie mal aus, sich zusammengesunken auf das Pferd zu setzen, als wären Sie ganz unglücklich und traurig. Diese Körperhaltung wird ein kleines Stück Ihr Befinden beeinflussen. Und dann setzen Sie sich aufrecht und stolz hin, als würde es Ihnen richtig gut gehen. Fühlen Sie den Unterschied zur anderen Haltung?

Trotzdem gehen wir hier gesondert auf die Körperlichkeit ein, weil Reiten nun mal ein körperlicher Sport ist und wir über unseren Körper mit den Pferden kommunizieren.

Jeder Mensch hat ein anderes Verhältnis zu seinem Körper. Das hängt damit zusammen, wie wir aufgewachsen sind. Welche Körperlichkeit haben unsere Eltern uns vermittelt? Ist der Körper etwas, worauf wir stolz sein können, was wir hegen und pflegen müssen? Oder ist der Körper etwas Schmutziges, womit jeder zwar irgendwie umgehen muss, aber worüber nicht geredet werden kann? Oder ist der Körper vielleicht sogar verletzt worden, zum Beispiel durch Schläge, Misshandlung, Missbrauch oder Vergewaltigung? All das hat Einfluss darauf, wie wir uns in unserem Körper fühlen. Und das hat natürlich eine große Wirkung auf das Reiten. Wie ist das für mich, ein

anderes Lebewesen zwischen meinen Beinen zu haben, die Wärme und Bewegung zu spüren? Kann ich mich darauf überhaupt einlassen? Ich meine wirklich einlassen?
Ich hatte eine Anfängerin, die saß ohne Sattel auf Momo. Sie sollte sich da oben erst einmal zurechtfinden und entspannen. Ich habe ihr vorgeschlagen, sich einfach mal nach hinten auf Momos breiten Rücken zu legen, eine Position, die sehr viele Menschen einfach lieben, gerade bei Momo. Ich wollte dieser Frau also etwas Gutes tun, aber sie konnte es nicht genießen. Sie konnte sich nicht auf dem Pferd zurücklehnen. Diese Position erinnerte sie an die Vergewaltigung im Alter von 21 Jahren. Erst als sie dieses Trauma im therapeutischen Reiten mit mir bearbeitet hatte, konnte sie sich anders auf Momo und ihren Körper einlassen.
Dieses Beispiel ist natürlich sehr extrem, aber haben wir nicht alle unsere kleinen Stellen im Körper, wo wir uns genieren und schämen, wo wir uns festhalten und nicht loslassen können? Hingabe und Loslassen sind wichtige Themen beim Reiten.
Meine Reit- und Voltigierkinder haben zum Beispiel immer ein großes Interesse an dem Körper des Pferdes. Jedes Pupsen wird mit Kichern quittiert, für jedes Gluckern, Schnauben, Äppeln wollen sie eine Erklärung haben. Sie fragen auch ungeniert, warum Momos Bauch so dick ist, ob da ein Fohlen drin ist. Und sie wollen wissen, warum nicht. Weil Momo noch nicht beim Hengst war. Wieso, was macht der Hengst denn?
Dann stehe ich da, langjährige Seminarleiterin für Sexualpädagogik und Aidsprävention, und werde doch glatt ein wenig rot. Wenn Eltern dabei stehen, amüsieren sie sich königlich. Die Kinder wollen das wirklich wissen.
Manchmal rufen mich Menschen an und wollen gern reiten. Aber, sagen sie, sie würden soundso viele Kilos wiegen, ob das denn ginge. Ich probiere immer aus, ob meine Pferde bereit

sind, denjenigen zu tragen. Ungekehrt wollte eine schon sehr füllige Frau unbedingt auf Jeremy reiten, was ich ihr richtig verbieten musste. Sie hatte keine Wahrnehmung für ihr Gewicht und was sie meinem Pony zugemutet hätte.
Pferde zeigen sich ungeniert sexuell. Mein Jimmy ist zwar Wallach, aber im Grunde seines Herzens Hengst geblieben. Als ich ihn bekam, war er sehr in sich gekehrt und nahm nicht wirklich Kontakt mit der Umwelt auf. Macht mit mir, was ihr wollt, war seine Ausstrahlung. Wir haben ihn darauf getestet. Durch Altersrückversetzung kamen wir auf das Alter von sieben Jahren. Der Stress war, dass er unbeabsichtigt eine Stute gedeckt hat, dass er zu wild war und deswegen kastriert wurde. Ob diese Geschichte sich genauso zugetragen hat, weiß ich nicht, aber die Energie ist da, die zu dieser Geschichte passen könnte.
Er kommt immer wieder in der Altersrückversetzung auf das Alter von sieben Jahren, es muss dort irgendetwas passiert sein. Während wir so testeten, stand Frederike mit Momo daneben. Auf einmal macht er einen Hengsthals und fängt an zu wiehern auf eine Art, wie ich sie noch nie von ihm gehört habe. Wir haben uns noch amüsiert, dass er sich auf einmal wie ein Hengst verhält, aber die nächste Zeit war er wie ausgewechselt. Er begann zu wiehern und unruhig zu werden, sobald er nur eine Stute sah. Ich konnte ihn nicht mehr mit Stuten zusammen auf dem Platz haben. Ich habe mich riesig für ihn gefreut, weil er richtig aufgeblüht ist und wach wurde. Aber die Menschen, die ihn gern hatten, weil er immer so lieb war und nichts macht, hatten ein Problem. Diese Power hat viele doch verunsichert, wenn sie nicht sogar Angst gemacht hat. Wir haben ihn mit meinen Stuten zusammen auf dem Platz laufen lassen, Momo war gerade rossig. Er hat sich ihr ganz professionell genähert, auf eine sehr behutsame, ja sinnliche Art, und sie richtig gedeckt, mit allem, was dazugehört. Dabei war er früher

mit Momo in einer Herde und hat nie auch nur Anstalten gemacht, etwas in diese Richtung zu tun. Durch seine Veränderung kamen meine Schüler auf ihre eigenen Themen. Ein Mann fragte mich, ob man bei Pferden auch die Samenleiter wieder zusammennähen könnte. Ein Psychoanalytiker würde jetzt analysieren, dass die Männer an ihre eigenen Kastrationsängste kommen würden. Auf alle Fälle hat das die Männer stark beschäftigt. Ein anderer identifizierte sich mit ihm. Seine Sexualität sei auch beschnitten.

Die Frauen wiederum sahen Jimmy auf einmal als Mann. Sämtliche Männerthemen kamen heraus. Je nachdem, welche Erfahrungen die Frauen mit ihrem Vater oder ihren Partnern gemacht hatten, sind sie unterschiedlich damit umgegangen. Das ging so weit, dass eine schon sehr fortgeschrittene Reiterin ihn nicht mehr reiten konnte, weil sie von Männern nie das bekommen hat, was sie für sich brauchte.

Es war eine sehr anstrengende Zeit, mit diesen ganzen Geschichten und Energien umzugehen, aber ich fand es wunderschön. In dem Maße, wie das Pferd aufblühte, blühten auch die Menschen auf. Erinnern Sie sich an das Mobile? Wenn sich ein Teil verändert, muss sich der Rest mitverändern, ob er will oder nicht.

Inzwischen ist Jimmy, was die Stuten angeht, wieder ruhiger geworden. Aber er bekommt immer noch ein Glitzern in den Augen und ein Vibrieren in den Nüstern, wenn er sie sieht. Und auch die Stuten reagieren darauf. Es berührt richtig mein Herz, das zu sehen.

Also, wie ist es mit Ihnen?

- Wie fühle ich mich in meinem Körper?
- Ist er Last oder Lust?
- Wie gehe ich mit meinem Körper, meiner Gesundheit um?
- Wie geht es mir mit meinem Gewicht, wie geht es meinem Pferd mit meinem Gewicht?

- Kann ich mich als Frau/als Mann fühlen?
- Habe ich spürbar weibliche und männliche Energien? (Das gilt für Männer wie für Frauen gleichermaßen)
- Brauche ich ein männliches oder weibliches Pferd?
- Ist Reiten für mich auch etwas Lustvolles?
- Wie geht es mir mit meiner eigenen Sexualität?
- Wie geht es mir, wenn meine Pferde sich sexuell zeigen?
- Wie geht es mir, wenn meine Pferde ungerührt „pupsen, äppeln, pieschen, gluckern" usw? (Alles Dinge, die man nicht tut.)
- Kann ich alle meine und die Körperteile meines Pferdes ungeniert benennen?
- Wie ist es mit Schweiß, Blut, Schleim, Gerüchen und Eiter, kann ich das bei mir, bei meinem Pferd sehen und damit umgehen?
- Wie ist das, im Schlamm zu waten, um ein Pferd von der Koppel zu holen, schlammig, staubig, dreckig und verschwitzt zu sein?

Umgebung

Alles, was um mein Pferd und mich herum passiert, die Menschen und die Umgebung, hat einen Einfluss auf uns und kann Stress verursachen, aber auch Stress lösen. Habe ich eine behutsame und liebevolle Atmosphäre im Stall, Menschen, die ich mag und die mich mögen? Eine schöne Umgebung? Oder gibt es viel Getratsche im Stall, sind alle genervt, weil im Winter alle gleichzeitig in der Halle sind und man nicht in Ruhe reiten kann? Oder habe ich nur eine kleine, dunkle Halle, die einem im Winter richtig auf das Gemüt schlägt? Fragen Sie sich doch einmal, wie wohl Sie sich in Ihrem Stall fühlen. Können Sie sich gegen negative Energien von anderen Reitern abgrenzen oder nehmen Sie das mit? Kann Ihr Pferd sich abgrenzen?

Mia und Jeremy zum Beispiel nehmen Atmosphäre sofort in sich auf und reagieren darauf. Wenn es eine angespannte, kritische Atmosphäre ist, werden sie selbst ganz unruhig. Das kann bis dahin gehen, dass sie losrennen oder sogar bocken, nur weil sie die Atmosphäre nicht aushalten und da raus wollen. Ich achte sehr auf die Alarmsignale, die die beiden vorher aussenden. Haben Sie eine schöne Umgebung verdient? Viele Menschen glauben das nämlich nicht und harren aus, obwohl sie sich nicht mehr wohlfühlen.

Auch Wetter und Jahreszeit sind zu beachten. Sturm zum Beispiel kann Pferd und Reiter so stressen, das sie nicht mehr fähig sind, miteinander zu kommunizieren.

Wie ist es bei Ihnen?

- In welcher Umgebung befinden sich mein Pferd und ich? Ist es eine schöne, ruhige, entspannte oder eine hektische, nervöse, sachliche?
- Sind dort Menschen, bei denen ich mich wohlfühle, oder fühle ich mich eher beobachtet, kritisiert und abgewertet?
- Entspricht die Umgebung meinen Bedürfnissen? Gibt es da z.B. einen Bodenarbeitsplatz?
- Entspricht die Umgebung den Bedürfnissen meines Pferdes?
- Habe ich eine Reitlehrerin/einen Reitlehrer, der mich unterstützt und bei dem ich das Gefühl habe, ich kann in Ruhe lernen und bin kein hoffnungsloser Fall?
- Habe ich Schulpferde, zu denen ich eine Beziehung aufbauen kann und zu denen ich Vertrauen gefasst habe?
- Bei welchem Wetter fühle ich mich wohl, welches stresst mich?
- Welche Jahreszeit ist mir die liebste? Welche mag ich überhaupt nicht?
- Wie gehe ich damit um, was mir passiert oder was so ist: Insekten, Verkehr, andere Pferde, die Stress machen etc.

Welche Auswirkung hat das auf mich?

Diese Themen können im Umgang mit dem Pferd und beim Reiten vorkommen, sie können, müssen aber nicht, Stress verursachen. Stress in einer bestimmten Situation kann mich daran hindern, für mein Pferd ein gutes Leittier zu sein. Es kann sein, dass wir unser Wissen, unsere Kompetenz und Erfahrung nicht anwenden können. Eigentlich wissen wir, was die richtigen Hilfen sind, sie fallen uns bloß nicht ein. Es ist sogar möglich, dass wir durch Stress nicht in der Lage sind, Neues zu lernen und gemachte Erfahrungen zu verarbeiten und zu integrieren. Diese Liste soll nicht entmutigen, aber sensibel machen dafür, dass sich beim Reiten zwei lebendige Wesen mit ihrer Geschichte und ihrer Befindlichkeit treffen und miteinander in Kontakt kommen.

Wir wollen lernen, so zu reagieren, wie es die aktuelle Situation erfordert, anstatt den Rattenschwanz der Vergangenheit in jeder Situation neu mitzuschleppen.

Wir wollen das Pferd als Pferd sehen können mit all seinen spezifischen Verhaltensweisen und Bedürfnissen.

Was kann ich von und mit den Pferden lernen?

Pferde können durch ihre außerordentliche Wahrnehmung Spiegel für uns selbst sein, sie bringen uns zu unseren blinden Flecken und wunden Stellen, aber auch zu unserer Lebendigkeit und Natürlichkeit. Oft ist es so, dass wir für und durch die Pferde die Motivation haben, an uns selbst zu arbeiten. Für uns selbst haben wir uns mit unseren Macken eingerichtet: „Die Beziehung zur Mutter und/oder zum Vater war schon immer schlecht, was hilft es denn noch, in den alten Geschichten zu wühlen, das ist im Leben wohl so, damit muss ich mich abfinden.“ Nur, wenn ich immer wieder meine Vaterbeziehung auf das Pferd projiziere, oder Erlebnisse aus der Vergangenheit mich so belasten, dass auch mein Pferd darunter leidet, und durch meine Starre und Leblosigkeit mein Pferd auch starr und leblos wird, dann ist auf einmal Motivation vorhanden, den Stress aus der Vergangenheit zu klären und abzulösen. Das Schöne dabei ist, dass eine Veränderung bei uns auch eine Veränderung beim Pferd bewirkt. Sie tragen uns durch unsere Krisen durch, sie bewegen und schütteln uns durch und geben uns immer wieder eine zweite Chance. Und sie belohnen jeden unserer Schritte durch mehr Vertrauen und Zuwendung.

Reiten im Einklang mit mir selbst: Wie können Kinesiologie und Energiearbeit mir dabei helfen?

Vielleicht fragen Sie sich, was das alles soll. Vielleicht kommt Ihnen das alles wie ein riesiger Berg vor, den Sie unmöglich bewältigen können. Vielleicht fehlt auch einfach die konkrete Vorstellung, wie sich alles auf das Reiten auswirken kann.
Viele der hier vorgestellten Methoden wirken erst einmal befremdlich bis „bekloppt". Und doch ist unsere Erfahrung, dass viel Neues, Befreiendes und Überraschendes passieren kann, wenn jemand sich auf diese Arbeit einlässt.
Wir laden Sie ein, sich auf neue Wege zu begeben. Die hier vorgestellten Techniken und Methoden können Sie für sich selbst anwenden. Probieren Sie aus, machen Sie Erfahrungen und fangen Sie mit dem Bereich an, der Sie am meisten anspricht. Wir haben hier einige Ziele von Kinesiologie und Energiearbeit aufgelistet, suchen Sie sich das Ziel aus, welches Sie persönlich erreichen wollen und welches für Sie am wichtigsten ist.

- Meine Hauptstressoren aufspüren und ablösen.
- Ich kann zunehmend mehr dem Pferd ohne Stress pferdegemäß in der Gegenwart begegnen. Ich komme schneller in

die Gegenwart zurück, wenn ich im Geiste schon von meinem Pferd abgestiegen bin, weil mich eine Erinnerung gepackt hat oder ich schon überlege, was ich als Nächstes tun will.

- Ich werde klarer, mutiger, fröhlicher und lebendiger.
- Ich kann tun, was ich eigentlich will, und setze meine Fähigkeiten und Kompetenzen ein, indem ich meine Blockaden loslasse und lösen lasse.
- Ich lerne leichter Neues und kann das auch umsetzen, weil mir meine gesamten Gehirnfunktionen zur Verfügung stehen.
- Mit Hilfe von Kinesiologie und Energiearbeit kann ich meine individuellen Ziele bestimmen und den Weg dorthin freimachen.
- Ich bekomme ein Gespür für mich, wann ich im Einklang mit mir selbst dem Pferd begegne. Ich bin mir meiner selbst bewusst.
- Ich kann psychische Umkehrungen spüren und ablösen.
- Ich komme alten Mustern auf die Spur und kann diese loslassen, sodass ich immer mehr eine Wahl habe, das zu tun, was ich will.
- Durch Kinesiologie und Klopfakupressur schleicht sich oft unbemerkt die Energie und Lebensfreude wieder in das Leben.
- Belastende Situationen und Erinnerungen können entstresst werden, so dass sie nicht weiter belasten.

Kinesiologie und Energiearbeit: Methoden und Arbeitsweise

Ziel dieses Kapitels ist es, Ihnen vorzustellen, wie wir mit den Methoden arbeiten. Vorweg noch eine Einführung in drei wichtige Grundvoraussetzungen.
Danach erklären wir anhand von Beispielen die Arbeitsweise der Kinesiologie und der Klopfakupressur.

Innere Bilder – Visualisierung

Wie oft geht Ihnen das so: Sie erleben eine Situation mit Ihrem Pferd und stellen sich vor, was alles passieren kann. Sie sollen im Unterricht eine Lektion reiten und wissen sowieso schon, dass es nicht funktionieren wird. Wir sehen andere, wie sie harmonisch und mit Leichtigkeit ihr Pferd reiten, aber wenn wir uns uns selbst vorstellen, sehen wir nur Anspannung und Stress.
Unser Unbewusstes kann nicht unterscheiden, ob etwas wirklich passiert oder wir es uns nur lebhaft vorstellen. Deshalb fordern wir Sie immer wieder auf, sich positive Bilder vorzustellen. Die positiven Bilder dienen dazu, unser positives Gefühl zu verankern. Dagegen wird das Negative verankert, wenn wir uns immer wieder vorstellen, auf der Straße kommt uns ein Trecker entgegen, und wir uns lebhaft ausmalen, was da alles passieren kann. Durch die lebhaften inneren Bilder reagiert auch unser Energiesystem so, als würde es tatsächlich geschehen. Das bedeutet, dass wir allein durch unsere Vorstellungskraft unser Energiesystem stören können. Das hat ja bekanntermaßen eine Auswirkung auf unseren Körper, und

die Pferde wiederum lesen unsere Körpersprache und wissen, was in uns vorgeht. Auch Pferde reagieren somit auf unsere inneren Bilder. Deswegen können fortgeschrittene Reiter oft Lektionen mit einem Pferd reiten, die das Pferd eigentlich noch gar nicht kann. Das innere Bild des Reiters ist so stark, dass das Pferd genau weiß, was zu tun ist.
Wenn Sie sich den Stress vorstellen, halten Sie dabei mit der einen Hand die Stirn, mit der anderen den Hinterkopf. Durch das Halten wird der Stress auf die negativen Bilder aufgelöst, und wir können uns irgendwann gar nicht mehr vorstellen, dass etwas Schlimmes geschehen wird. Wichtig bei den inneren Bildern ist, dass wir dahin kommen, uns das vorzustellen, was wir erreichen wollen. Ein „Nicht" kann das Unbewusste nicht verarbeiten, das kennt es nicht. Wenn ich mir also immer wieder sage: Mein Pferd wird nicht durchgehen, streicht das Unbewusste das „Nicht" und hört nur Pferd und Durchgehen.
Wir werden schwach, das Pferd fühlt sich nicht sicher bei uns und geht durch. Die inneren Bilder müssen also positiv und möglichst konkret sein. Wenn Sie einem Taxifahrer sagen: Fahren Sie mich nicht zum Bahnhof, weiß er nun wirklich nicht, wo Sie hinwollen. Das Pferd reagiert genauso. Überprüfen Sie auch Ihre Sprache daraufhin. Sagen Sie zu Ihrem Pferd „Es ist gar nicht gefährlich" (nicht weg, also gefährlich) oder „es ist alles in Ordnung?" Je nachdem, was wir sagen, ist unser inneres Bild dazu. „Reg dich nicht auf" versus „Bleib ruhig". „Nicht verspannen" versus „Entspann dich". „Bleib nicht stehen" versus „Komm mit". Wenn ich Ihnen sage: Stellen Sie sich keine Katze vor, was haben Sie sich vorgestellt? Wahrscheinlich eine Katze (meine ist immer eine kleine, zierliche schwarze).
Eine Nacht hatte ich geträumt, im Unterricht mit Jimmy eine Galopppirouette zu reiten. Ich konnte im Traum richtig fühlen, wie er sich gesetzt hat, so lebhaft war der Traum. Am nächsten

Morgen erzählte ich es mehr aus Spaß meiner Reitlehrerin, es war eine Lektion, von der wir Lichtjahre entfernt waren. Dann bin ich im Unterricht eine Galopppirouette geritten. Das Erstaunlichste war, dass es funktioniert hat. Wir sind eine halbe klare Pirouette geritten, und das Gefühl war so wie im Traum, ein irres Gefühl übrigens.
Oder ein anderes Beispiel: Eine Schülerin sollte mit meiner Kaltblutstute Momo in der kleinen Halle galoppieren. Linke Hand klappte es auch wunderbar. Aber rechte Hand wusste die Schülerin, es ist ihr schlechterer Galopp, und es funktionierte überhaupt nicht. Wir haben ausgetestet, dass sie nicht daran glaubte, dass sie das kann, und Momo glaubte auch nicht daran. In einer anderen Reitschule hätte Momo jetzt vielleicht die Gerte bekommen, „dem Bock müssen mal Beine gemacht werden". Die Schülerin musste zunächst ein inneres Bild dazu entwickeln, wie Momo auf der rechten Hand leicht und ausbalanciert galoppiert. Erst dann konnte es klappen.
Stellen Sie sich doch immer wieder vor, wie es ist, mit Ihrem Thema keinen Stress mehr zu haben, wie leicht auf einmal alles ist und wie schön. Mein Pferd und ich haben eine harmonische Beziehung, die Lektionen klappen ganz leicht, mein Pferd hat keine Angst mehr vor dem Trecker usw. Schon das allein kann oft eine Menge bewirken.

Häuserkarten

Eine Entwicklung von Christine Kutsch. Häuser bedeuten für die Menschen sehr viel, sie sind zu Hause, Zuflucht, Geborgenheit etc. Wir arbeiten mit einer Fotoserie, die Häuser unterschiedlichen Stils zeigt. Wir können ein bestimmtes Haus austesten oder das Haus heraussuchen, das für uns in der jeweiligen Situation zutreffend ist. Dies kann positiv verstärkend oder das stressauslösende Moment hervorhebend sein.

Das Haus können wir ansehen, eventuell eine Übung dazu machen oder es irgendwo hinhängen.
Wie Sie sicher schon bemerkt haben, ist die Kinesiologie kein starres Regelwerk, sondern ein Werkzeug, das die Option bietet, unser Wissen aus verschiedensten Bereichen zu integrieren.
So sind auch die Häuserkarten entstanden. Es ist ja oft nicht so ganz klar, wo nun eigentlich der Anfang war. Auf einmal ist eine Idee geboren, die weiter verfolgt wird. Da war zuerst der rege Austausch und die Zusammenarbeit mit meiner Freundin Elke Thomann, die Künstlerin ist. Themen, die kinesiologisch bearbeitet worden waren, meldeten als Hausaufgabe an, zur Stabilisierung und Vertiefung eine gestalterische Tätigkeit auszuführen. Durch diesen Kontakt waren gute Möglichkeiten gegeben. Da wurde im Atelier mit Ton gematscht und geformt, und so entstanden die wunderschönsten Gebilde. Auch buntes Krepppapier wurde zu Kügelchen geformt und auf große Plakate geklebt. Einige Menschen waren darunter, die noch nie etwas mit Ton gemacht hatten oder mal nach Herzenslust auch als Erwachsene gematscht hatten. Ganz oft kam die Aufgabe, ein Haus zu malen oder zu gestalten.
Mit einer anderen Freundin war ich zu dieser Zeit auf einer Wanderung in der Nähe von Freiburg. Da entdeckte ich in einem Weinberg ein kleines Häuschen. Das fand ich so schön, dass meine Freundin zu mir sagte: „Klar, das ist, was du jetzt brauchst, lass uns doch mal testen." Und so war es auch, ich machte, was am einfachsten ist: Stirn – Hinterkopfhalten, das Haus in allen Augenpositionen anschauen, und dabei in jeder Position einen tiefen Atemzug nehmen. Das fühlte sich richtig gut an, und mir war schon klar, worum es bei diesem Haus ging. Ich brauchte mal wieder Ruhe und Zurückgezogenheit nur für mich. Dieses Haus stellte ich mir dann oft vor, wenn ich nicht genügend Zeit zur Verfügung hatte und trotzdem eine Ruhepause brauchte.

Im Sommer 1996 war ich in der Toskana, wir wohnten in einer alten wunderschönen Villa, die eine herrliche Symmetrie hatte, und da fing ich ganz bewusst an, die Häuser für Arbeitszwecke zu fotografieren. Die Villa Buoninsegna (siehe S. 125) wurde dann das erste Bild in dieser Reihe.

Wasser

Es gibt keinen Ersatz für Wasser, genauso wenig wie wir ein Dampfbügeleisen mit Karottensaft füllen würden.
Wir wollen dem Wasser nochmals eine ganz besondere Aufmerksamkeit zukommen lassen. Natürlich wissen wir alle, dass es wichtig ist, Wasser zu trinken, aber wirklich umsetzen tun es die wenigsten. Das hat auf der einen Seite mit alten Mustern zu tun, dass wir oft nicht wirklich gut für uns sorgen, nicht zuverlässig für uns sind. Die andere Seite aber hat auch etwas mit einer gewissen Routine zu tun, die man sich angewöhnen kann. Dies ist ein Lernprozess, der sich ganz leicht anhört, aber doch mehr Arbeit bedeutet, als man denkt. Für die Eine ist es hilfreich, jede Stunde eine bestimmte Menge zu sich zu nehmen, wohingegen ein Anderer größere Mengen auf einmal trinkt und dann länger nichts. Oft bekommen wir auch zu hören, wenn wir nach den Wassertrinkgewohnheiten fragen, dass die Leute ganz viel trinken. Erst auf genauere Anfrage erfahren wir dann aber, dass es sich dabei um Kaffee, Tee, Milch oder Säfte handelt. Das ist alles nicht schlecht, nur erfüllt es nicht den Zweck, den Wasser für unseren Körper darstellt: Wasser hilft dem Körper, Giftstoffe auszuscheiden; aber auch Adrenalin, das von unserem Körper bei Stress ausgeschüttet wird, kann durch Wasser schneller wieder über die Nieren ausgeschieden werden, sodass wir nicht dauernd unter Dampf stehen. Unser Körper besteht zu ca. 70 % aus Wasser – das Gehirn zu 90 % – deshalb muss auch der tägliche Flüssigkeits-

verlust ausgeglichen werden. Wir verlieren nicht nur über die Haut, sondern auch über das Atmen Flüssigkeit.
Wasser leitet elektrische Energie, die in unseren Meridianen fließt. Unser Lymphsystem, das für den Abtransport von Giftstoffen zuständig ist, kann ohne Wasser seine Funktionen nicht richtig erfüllen.
Das Wissen, dass Wasser für den Menschen lebensnotwendig und mehr als ein Durstlöscher ist, war einmal Bestandteil eines ganz selbstverständlichen Volkswissens.
Die heilkräftige Wirkung von Wasser wurde auch schon jahrtausendelang ganz selbstverständlich genutzt, nur wir Menschen von heute wissen das alles nicht mehr und müssen uns die Informationen und Erfahrungen erst wieder zugänglich machen.
Am besten ist es, Quellwasser zu trinken, in Deutschland gibt es an vielen Orten noch Quellen. Mineralwässer sind zu stark übersäuernd. Außerdem ist unser Leitungswasser in Deutschland meistens sehr gut zu trinken.

Die Fähigkeiten von Wasser

- *Wasser ist die Grundlage allen Lebens.*
- *Wasser ist ein Informationsspeicher und kann Informationen weitergeben.*
- *Wasser regelt alle Funktionen des Organismus vom Stoffwechsel bis zum Denken.*
- *Wasser ist Träger von Energie = Information = Lebendigkeit.*

Jedes Wassermolekül hat seine eigene, unverwechselbare Identität.

entnommen aus Wasser und Salz, B. Hendel und P. Ferreira

Bestechung für Sonny

Ich ergebe mich in mein Schicksal.

Testen

Klopfen

Jetzt ab im Galopp

Es funktioniert!

Ich kann es noch gar nicht ganz glauben ...

Geschafft ... und ein bisschen k.o.

Verhaltensbarometer

WAHL

ANNAHME		WIDERSTAND	
Wahl treffen	zugänglich	angegriffen	geplagt
optimistisch	annehmbar	in Frage gestellt	belastet
anpassungsfähig	würdig	genervt	ungehalten
verdienstvoll	offen	widersetzlich	fehl am Platz/unbrauchbar

BEWUSST

BEREITWILLIG		ZORN	
empfänglich	fähig	erbost	wütend
bereit	verantwortlich	überreizt	gärend/rauchend
ermunternd	erfrischt	siedend	wutentbrannt
belebt	gewahr	geladen	hysterisch

INTERESSE		GROLL	
fasziniert	eingestimmt auf	verletzt	verlegen
erforderlich	willkommen	verwundet	benutzt/missbraucht/verwirrt
verständnisvoll	geschätzt	nicht gewürdigt	abgelehnt
wesentlich	fürsorglich	sprachlos/verstummt	gekränkt

UNTER-BEWUSST

BEGEISTERUNG		FEINDSELIGKEIT	
amüsiert	jubelnd	in der Falle	herumgehackt
bewundernswert	anziehend	ausgenutzt	frustriert
entzückt	angeregt/hingerissen	beraubt	sarkastisch
lebendig	vertrauensvoll	rachsüchtig	vorenthaltend

SICHERHEIT		VERLUSTANGST	
motiviert	kühn	fallengelassen/ernüchtert	nicht gehört
geschützt	beherzt	bitter	enttäuscht
tapfer/mutig	bedacht	bedroht	übersehen
liebevoll	stolz	verängstigt	unerwünscht

EBENBÜRTIGKEIT		KUMMER UND SCHULD	
beglückt	kooperativ	verraten	unterworfen
beteiligt	entschlossen	entmutigt	unannehmbar
zuverlässig	engagiert	selbstbestrafend	verzweifelt
aufrichtig	produktiv	besiegt	ruiniert

EINGESTIMMTSEIN		GLEICHGÜLTIGKEIT	
Im Einklang mit	In Übereinstimmung	pessimistisch	unbeweglich
Im Gleichgewicht	schöpferisch	starr	betäubt
wahrnehmend	anerkennend	stagnierend	empfindungslos
zärtlich/zart	sanft	destruktiv	abgekoppelt

KÖRPER

EINSSEIN		TRENNUNG	
still	geborgen	vernachlässigt	ungeliebt
ruhig	In Frieden	unannehmbar	ohne Liebe/nicht liebenswert
vereint	vervollständigt	unwichtig	schwermütig
erfüllt	In Einheit	morbid	verlassen

WAHL KEINE WAHL

Das Verhaltensbarometer

Das in diesem Buch auf S. 108 farbig dargestellte Verhaltensbarometer ist eine erstaunliche „Straßenkarte“ von Verhaltensmustern. Es stammt aus der „Three-In-One-Concepts“-Reihe. Daniel Whiteside, Gordon Stokes und Candace Callaway haben im kalifornischen Burbank ein außerordentliches kinesiologisches System entwickelt, das ein breites Spektrum von Anforderungen abdeckt. Das Verhaltensbarometer ist eine aus der Arbeit mit dem Muskeltest, der ein Biofeedback des Körpers ist, entstandene Hilfe zur Standortbestimmung. Es ermöglicht uns, die genauen Emotionen und Verhaltensweisen zu identifizieren, die uns von dem abhalten, was wir eigentlich wollen. In unserer Arbeit benutzen wir das Barometer mit dem Muskeltest, um an Informationen zu gelangen, die mit den Emotionen des Reiters in Verbindung stehen. Es ist aber mit etwas Übung auch möglich, ohne Test einfach seinem Gefühl folgend den Text durchzugehen. Dabei werden Sie feststellen, dass Ihnen wahrscheinlich eine Stelle ganz besonders ins Auge springt. Sie haben damit nicht nur eine Information, sondern gleich mehrere.

Wie Sie sehen, hat das Barometer drei Hauptebenen: Bewusstsein, Unterbewusstsein und Körper. „Three In One Concepts“ beschreibt das im Buch „Tools of the Trade“ folgendermaßen: „Bewusstsein bedeutet, dass wir wahrnehmen, was in der Gegenwart, im Hier und Jetzt geschieht.

Unterbewusstsein repräsentiert das vergangene Erleben, das direkten Einfluss darauf hat, wie und warum wir uns in der Gegenwart so und nicht anders verhalten.

Die Körperebene bezieht sich auf die gesamte Lebenserfahrung von der Zeugung an. Es geht um die zelluläre Erinnerung, die unverfälscht Informationen abspeichert. Wie wir in der Gegenwart, also bewusst, reagieren, hängt direkt von den

Entscheidungen ab, die wir in der Vergangenheit, also auf der unterbewussten Ebene, getroffen haben, wenn ähnliche Ereignisse stattfanden – was wiederum herrührt von unserer Gesamterfahrung des Lebens vom Augenblick der Empfängnis an, was ja die Körperebene darstellt. Auf Grund dieser gleichzeitigen Wechselwirkung der drei Ebenen bietet das Barometer eine dreidimensionale Sicht eines jeden Themas.
Wenn wir einmal identifiziert haben, bei welcher Überschrift und bei welchem Wort der einen Ebene wir uns befinden, dann haben wir gleichzeitig die Information, wo wir auf den beiden anderen Ebenen sind.
Jede Ebene hat drei Paare von Hauptkategorien. Das Schlüsselwort dazu ist Paare. Es mag auf den ersten Blick so aussehen, als ob wir es auf jeder Ebene mit sechs Kategorien zu tun hätten, aber das stimmt nicht. Wir haben es mit drei Hauptkategorien zu tun. Jedes Paar stellt sozusagen die zwei Seiten einer Münze dar, Kopf und Zahl oder Ying und Yang. Die eine Seite ist der ersehnte Geisteszustand, die andere ein emotionaler oder Gemütszustand. Beide lösen Verhaltensmuster aus. Wenn wir genau hinsehen, wo wir uns auf dem Barometer befinden, können wir unsere echten Gefühle finden, und das, was wir uns durch unangemessenes Verhalten selbst vorenthalten. Das Wichtigste dabei ist aber, dass wir die Wahl in der jeweiligen Angelegenheit zurückbekommen, weil das Barometer eine andere Möglichkeit offeriert, die wir bis dahin meist nicht sehen konnten oder auch wollten."
Bei unserer Arbeit mit den Reitern und Pferden benutzen wir das Barometer dazu, eine Standortbestimmung zu erhalten, wenn es um ganz grundsätzliche Themen geht. Wo stehe ich, wenn es ums Reiten an sich geht, wo beim Springen, wo wandere ich hin, wenn es um die Erinnerung an Stürze und Misserfolge geht. Sehr oft kommen dann Kommentare wie, das kenne ich sonst eigentlich auch, dieses Gefühl ist mir nicht

neu, das passiert mir immer wieder, aber ich kann halt nicht anders.
Wir haben im Folgenden über die vorangegangenen stressbesetzten Themen typische Verhaltensbarometerpositionen aufgelistet und positive Sätze gebildet. Die positiven Sätze erleichtern es uns, ein Bild davon zu entwickeln, wo wir eigentlich hinwollen. Vergleichen Sie die Positionen mit dem Verhaltensbarometer auf Seite 108.

Positive Gedanken zu stressbesetzten Themen

Eigene Befindlichkeit und Geschichte

Wahl/keine Wahl, produktiv/ruiniert, fürsorglich/gekränkt:
Wenn ich wähle, mich produktiv mit meiner Biografie auseinander zu setzen, brauche ich nicht mehr an meinen alten Mustern festzuhalten. Ich gehe fürsorglich mit mir und meinen Pferden um und gestalte mein Leben und meine Umgebung mir entsprechend.

Gefühle

unwichtig/vereint, bedroht/mutig, siedend/ermunternd:
Wenn ich vereint mit all meinen Gefühlen mein Leben lebe, kann ich mich mutig allen Situationen stellen.

Menschendenken versus Pferdedenken

entzückt/beraubt, wahrnehmend/stagnierend, anpasssungsfähig/genervt:
Wenn ich mich selbst wahrnehme, kann ich auf mein Umfeld einwirken und damit die Rangordnung klarstellen.

Stress mit dem Pferd

jubelnd/herumgehackt, zugänglich/geplagt, in Übereinstimmung/unbeweglich:

Wenn ich zugänglich für mein Pferd bin, dann stimme ich mit der Realität seiner Fähigkeiten und seines Wesens überein.

Führungskraft

kooperativ/unterworfen, Wahl/keine Wahl, eingestimmt auf/verlegen:
Wenn ich in meiner Führung klar und zielgerichtet bin, bin ich kooperativ, und mein Gegenüber muss sich nicht unterworfen fühlen. Ich wähle, eingestimmt zu sein auf die Situation, und bin nicht um meine Position verlegen.

Notwendigkeiten

Tierarzt/Hufschmied: Wahl/keine Wahl, zuverlässig/selbst bestrafend, verständnisvoll/nicht gewürdigt
Wenn ich mich entscheide, dass ich zuverlässig für mich und meine Pferde sorge, dann bin ich auch in der Lage, dies mit dem entsprechenden Verständnis für die Situation zu tun.

Trainingszustand

Im Gleichgewicht/starr, bewundernswert/ausgenutzt, optimistisch/in Frage gestellt:
Wenn all meine Kräfte im Gleichgewicht sind, sitze ich bewundernswert auf meinem Pferd und trete allen Infragestellungen optimistisch entgegen.

Motivation fürs Reiten

geschätzt/abgelehnt, engagiert/verzweifelt, Wahl/keine Wahl:
Meine Wahl ist, mich selbst wertzuschätzen. Wenn ich mich für mich selbst engagiere, brauche ich nicht in meine alten Muster von Ablehnung und Verzweiflung zu gehen.

Zustand des Energiesystems

Meridiane/Chakren:
Wahl/keine Wahl, kooperativ/unterworfen, eingestimmt auf/verlegen:
Ich bin eingestimmt auf die Kooperation von Körper, Geist und Seele und lasse mich nicht unterwerfen von jeglichen Energien, die auf mich einstürmen.

Körperliche Beeinträchtigungen Mensch – Pferd

Schmerzen/Verspannung/zu kurze Sehnen, Muskeln, Behinderungen:
liebevoll/verängstigt, belebt/geladen, erfüllt/morbid:
Jede Zelle meines Körpers ist von Leben erfüllt, wenn ich die Ladung aus Ängsten und Zerfall von mir werfe.

Blockaden

beglückt/verraten, Wahl/keine Wahl, fasziniert/verletzt:
Ich bin beglückt, wenn ich die Wahl treffe, einfach da zu sein, fasziniert von der Bewegung und dem Fluss des Lebens. Treffe ich keine Wahl, blockieren mich alte Gefühle von Verletzung und Verrat auf allen Ebenen.

Probleme mit der eigenen Körperlichkeit

Gewicht/Sexualität:
Wahl/keine Wahl, aufrichtig/besiegt, wesentlich/verstummt:
Wenn ich aufrichtig und meinem Wesen entsprechend meine Gefühle wahrnehme und danach handle, dann verstumme ich nicht mit dem Gefühl, besiegt zu sein.

Umgebung

Wahl/keine Wahl, beteiligt/entmutigt, erforderlich/verwundet:
Wenn ich wähle, mich an der erforderlichen Umgebung für mich

und mein Pferd wirklich zu beteiligen, dann sind wir dort willkommen und geschützt. Ich lasse mich nicht entmutigen durch ungünstige Umstände, sondern bin entschlossen und in der Lage, für unsere Interessen einzutreten.

Die kinesiologische Arbeit mit dem Verhaltensbarometer und der Altersrückversetzung

Hier nun ein Beispiel aus unserer kinesiologischen Arbeit mit dem Verhaltensbarometer und der Altersrückversetzung. Dazu möchten wir noch vorausschicken, dass es verschiedene Möglichkeiten gibt, das Testergebnis zu interpretieren:

- Wir können Fragen stellen, die der Körper mit Ja oder Nein „beantwortet". Ein starker Muskel bedeutet „Ja", ein schwacher „Nein". Dabei müssen wir schon auf die Fragestellung achten. Ich kann nicht fragen: „Soll ich dieses Pferd kaufen?", aber ich kann fragen, „Löst dieses Pferd in mir Stress aus?"
- Die zweite Möglichkeit nennt sich Impulstesten. Ich zähle mögliche Stressoren auf, und beim Wichtigsten testet der Arm schwach. Das ist eine gute Möglichkeit, schnell zum Punkt zu kommen, ohne den Körper durch zu viele Nein-Antworten zu schwächen. Wenn wir zehn Mal nein testen wollen, um beim elften Mal auf den richtigen Punkt zu kommen, haben wir zehn Mal den Körper einem kleinen Stressor ausgesetzt.
- War der Muskel vorher stark, und wir setzen unsere Testperson einem Reiz aus und er wird schwach, wissen wir, das war für die Person ein Stressor. Umgekehrt aber, wenn wir von einem schwachen Muskel ausgehen und setzen die Testperson einem Reiz aus, und der Muskel ist stark, dann wissen wir, das war etwas, was der Person gut tut und ihr den Stress nimmt.

Wir arbeiteten einmal mit einem Klienten, Mitte Vierzig, der ganz erfolgreich in einer Führungsposition seinen Mann stand. Normalerweise nahm Martin nur Reitstunden. Er hatte auch seine Zeit gebraucht, um einmal mit dieser Herangehensweise über die Kinesiologie in Kontakt zu kommen.

Einklang, Interesse und Sicherheit beim Testen sind Grundvoraussetzungen für diese Arbeit.

Wir beginnen immer, indem wir zuerst einen klaren Muskelfunktionskreis herstellen. Das bedeutet, dass wir die Testperson im Sitzen oder Stehen beide Arme nach vorne halten lassen, ungefähr in einem Winkel von 45 Grad vom Körper weg. Wir legen unsere Hände auf die Unterarme, fordern die Testperson auf, weiterzuatmen und zu halten. Dann versuchen wir mit ganz leichtem Druck zu erspüren, ob und wie diese Arme halten. Der nächste Schritt besteht darin, mehrmals leicht in den Muskelbauch des Deltoideus Anterior zu kneifen, um zu sehen, ob es möglich ist, diesen Muskel abzuschalten. Wir testen wieder, die Arme sollten jetzt weggehen, das heißt, die Muskeln schalten ab. Jetzt wird am Muskelbauch mehrmals die entgegengesetzte Kneifbewegung gemacht, also auseinander gezogen, beim anschließenden Testen sollten die Arme stark sein. Wenn alles so funktioniert, dann haben wir einen klaren Muskelfunktionskreis, wo sich Muskeln an- und ausschalten lassen.

Im nächsten Schritt wird Überladung getestet, hier geht es um eine Art von Verwirrung im Körper, eine Hirnhälfte schaltet vorübergehend ab. Auslöser können vor allem Angst und lang anhaltender Stress sein. Wenn die rechte Hirnhälfte abschaltet, wird nur noch mechanisch und eher verbissen rational reagiert. Dabei sind unsere Gefühle und unsere Intuition blockiert. Schaltet die linke Hälfte ab, dann ist der logische Zugang zu bestimmten Denkvorgängen blockiert. Das sind dann die Leute, die vor lauter Bäumen den Wald nicht mehr sehen. Getestet wird dies, indem die Punkte berührt werden, das sind: über der Oberlippe, unter der Unterlippe, die Nierenpunkte 27 und Steißbein. Die Punkte, die nicht halten, müssen korrigiert werden.

Korrigiert wird über die auf S. 126 beschriebenen Punkte, die im praktischen Teil noch mal erläutert werden.

Die beiden Hauptmeridiane, das Zentralgefäß und das Gouverneurgefäß, können wir uns wie zwei Reißverschlüsse vorstellen, die uns schützen. Sie sollten die richtige Flussrichtung haben und nicht blockiert sein, denn beides ist ein Zustand von Ungleichgewicht. Das können wir feststellen, indem wir den Meridian in Flussrichtung streichen und testen, die Arme sollten halten. Streichen wir entgegen der Flussrichtung, sollten die Arme weggehen.

Die nächste Frage ist, ob genügend Wasser im Körper ist oder noch welches getrunken werden muss. Während der kinesiologischen Arbeit sollten wir immer gewahr sein, dass Wassermangel zu Verwirrung führen kann. Wenn auf einmal nichts mehr funktioniert, sei es Denken oder Körperkoordination, dann denken Sie an Wasser. Und das ist auch in anderen Situationen kein schlechter Gedanke.

Zum Testen ziehen wir leicht an den Haaren der Testperson und testen dann die Arme. Halten sie, können wir weiterarbeiten, gehen sie weg, muss erst genügend Wasser getrunken werden, bis der Test eindeutig ist und die Arme klar halten.

Jetzt fehlen noch Informationen darüber, ob wir mit dieser Person arbeiten dürfen, und die volle Arbeitsbereitschaft da ist, oder ob noch vor der thematischen Arbeit Korrekturen gemacht werden müssen.

Je genauer wir das Thema und unser Ziel benennen, umso leichter, klarer und effektiver wird die Arbeit. Außerdem bestimmen wir über den Muskeltest, wie viel Stress in Prozent uns das Thema bereitet.

Nun wollte Martin mit einer ganz speziellen Fragestellung kinesiologisch arbeiten. Über den Muskeltest ermittelten wir, dass es zuerst um ein Join up ging. Wir nahmen das einfach mal so hin, denn mit der Zeit gewöhnt man sich schon daran, dass der Muskeltest einem andere Vorschläge macht als der eigene Kopf. Und was geschah auch hier wider Erwarten? Jimmy rührte sich nicht von der Stelle. Wir wunderten uns, denn in seinem Leben war dieser Mann sehr wohl im Stande, seine Interessen zu vertreten und seine Führungsqualitäten einzusetzen.

An dieser Stelle nahmen wir das Verhaltensbarometer zu Hilfe, und es meldete sich als Priorität auf der **unterbewussten Ebene** unter der 3. Überschrift, also bei **Kummer und Schuld**, das Wort **unterworfen**. Dazu gehört auf der linken Seite unter der 3. Überschrift **Ebenbürtigkeit** und an der entsprechenden Position **kooperativ**. Auf der Körperebene kamen wir zu **Keine Wahl bzw. Wahl**, und auf der bewussten Ebene waren wir bei **Groll** und **verlegen** sowie **Interesse** und **eingestimmt auf**. Erst konnte er mit diesen Begriffen nicht viel anfangen, als wir dann aber über die Altersrückversetzung beim Alter von 11 Jahren ankamen, da fiel es ihm wie Schuppen von den Augen. Bei der Altersrückversetzung stellen wir eine Verbindung her zwischen dem Stressor, mit dem wir uns in der Gegenwart beschäftigen, und einem Ereignis – körperlich oder emotional – in unserer Vergangenheit. Unsere Zellen haben ein Zellgedächtnis, so können wir zum Beispiel Jahre nach einem Reitunfall unserem Körper die sichtbare Information entlocken, welche Muskeln z. B. im Hals – Nacken – Schulterbereich abgeschaltet haben. In diesem Moment kann eine Korrektur vorgenommen werden, die zwar nicht das Ereignis ungeschehen macht, aber sowohl die muskuläre als auch die emotionale Reaktion auf den Unfall verändert.

Es verbarg sich wie meistens eine ganze Geschichte dahinter, die über diese paar Begriffe wieder ins Bewusstsein gerückt war. Mit 11 Jahren hatte er einen allerbesten Freund, sie wollten immer beisammen bleiben, doch es kam ganz anders. Neugierig, wie sie waren,

wollten sie eines Tages nun mal das Rauchen ausprobieren, hatten sich eine Packung Zigaretten organisiert und machten sich damit auf in den Wald; dort hockten sie sich hin und husteten sich mit ihrer Zigarette ab. Wieder zuhause angekommen, roch die Mutter seines Freundes sofort, dass dieser geraucht hatte, und ließ ihm keine Ruhe, bis sie wusste, wer noch dabei war. Es geschah das Übliche, die andere Mutter wurde angerufen, nur dass es bei seinem Freund bei einem erhobenen Zeigefinger blieb. Für ihn änderte sich alles.
Die Aussage seines Freundes brachte ihn in große Verlegenheit. Er erhielt eine drastische Strafe, die der Situation überhaupt nicht entsprach. Sie hatten sich hoch und heilig versprochen, keinem davon zu erzählen, der Freund hatte dieses Versprechen gebrochen und für diesen Jungen brach eine Welt zusammen; er konnte seinem Freund diese Verletzung durch den Vertrauensbruch nicht verzeihen und brach die Freundschaft ab.
Und warum folgte Jimmy dem erwachsenen Mann nicht? Wenn wir wollen, dass uns die Pferde als Leittier annehmen, müssen wir für diese Vertrauen ausstrahlen. Durch dieses Aufeinander-Angewiesensein rutschte Martin unterbewusst wieder in die Situation, dass sein Vertrauen in die Anderen immer von Misstrauen geprägt war. Gemeinsam bedeutete Unterwerfung. Für ihn ging es darum, eine neue Wahl zu treffen, sich in Situationen, wo es darum geht, in echter Kooperation miteinander zu arbeiten und mit Interesse und Faszination dabei zu sein, auf den Anderen wirklich einzustimmen, ohne diesen grollenden Rückzug anzutreten aus Angst davor, wieder verraten zu werden und einer Situation ohne jede Wahl unterworfen zu sein. Dabei stellte sich heraus, dass er am liebsten als Einzelkämpfer seine Projekte in Gang brachte. Nachdem ihm dies klar wurde, machten wir eine Stressablösung darauf. Die Hausaufgabe bestand darin, sich immer wieder bewusst für die neue Wahl zu entscheiden. Damit erhielt er eine Basis, sich von innen heraus zu verändern und nicht über verhaltenstherapeutische Maßnahmen.

Die Stressauflösung in der Altersstufe 11 wurde mit Stirn-Hinterkopf-Halten gemacht, und er stellte sich ein Bild von sich selbst harmonisch im Team vor, das er sich vorher als neue Wahl und als neues Ziel formuliert hatte.
Nach der Altersrückversetzung ist es wichtig, über den Muskeltest wieder in die Gegenwart zu kommen. Dort wird nachgetestet, ob noch etwas fehlt und ob der am Anfang festgestellte Prozentsatz an Stress auf 0 % ist und die Bereitschaft, an dieser Stressablösung zu profitieren, 100 % ist. Manchmal ist es nötig, eine Altersprogression zu machen, das bedeutet, höchstens 12 Wochen nach vorne zu gehen, um zu sehen, wo der Stressor hinprojiziert wird. Und auch da kann eine Stressablösung stattfinden. Danach gilt hier die Devise: Zurück zur Gegenwart.

Wie arbeitet Klopfakupressur?

Wir wollen auch diese Arbeit anhand eines Beispiels erklären:
Die Situation, mit der Ute zu uns gekommen war, war Folgende: Wann immer das Pferd, in diesem Falle Sonny, zu schnell wurde und nicht das gemacht hat, was sie sollte, kam Ute unter Stress und konnte nicht mehr auf ihre Fähigkeiten zurückgreifen. Sie bekam Angst, klemmte mit den Beinen, zog am Zügel und fühlte sich einfach nicht mehr wohl auf dem Pferd.
In der Stunde, in der wir mit ihr arbeiten wollten, sagte sie schon beim Putzen, sie wäre sehr aufgeregt. Als sie im Schritt auf Sonny saß, gab sie an, der Stress auf der Skala läge bei 2, bei der Erwartung, was da noch kommen möge, bei 8. Als sie angetrabt war, bestimmte sie ihren Wert auf 15.
Da die Skala offiziell nur bis 10 geht, sagt das wirklich etwas über ihren Stress aus.
Ganz am Anfang unserer Arbeit lassen wir den individuellen Stresswert Subjective Unit of Disstress, kurz SUD, bestimmen. Die Skala geht normalerweise von 0=kein Stress bis

10=absoluter Stress. Genauso bestimmen wir über den Muskeltest den muskulären Stresswert Muscular Units of Disstress, kurz MUD. Beide Werte können, müssen aber nicht unterschiedlich sein. Diese Bestimmung wird in Abständen wiederholt, um den Verlauf der Arbeit zu beobachten.

Wir haben Ute gefragt, was genau ihr Stress machen würde. Das Thema für sie war die Unberechenbarkeit von Sonny. Sonny ist einfach eine kleine schlaue Stute, die sich ständig Neues ausdenkt. Das ist nie etwas Gefährliches, aber für Ute reichte es aus, um sie in Stress zu bringen. Auf der Skala bewertete sie den Stress mit der Unberechenbarkeit mit 10.

Je genauer wir herausfinden, was der eigentliche Stress, das eigentliche Thema, ist, desto leichter und effektiver gestaltet sich die Arbeit.

Wenn wir Thema und Stresswert gefunden haben, führen wir weitere kinesiologische Vortests durch. Wir suchen einen klaren Indikatormuskel, testen auf genügend Wasser, Überladung und die grundsätzliche Erlaubnis, an diesem Thema zu arbeiten.

Zu den Vortests gehört auch die Überprüfung, ob eine Umkehrung vorliegt. Manchmal kann der Stress so groß sein, dass das gesamte Energiesystem umgekehrt wird.

Ute testete auf die Aussage „Ich möchte ein glückliches Leben führen" schwach und auf die Aussage „Ich möchte ein unglückliches Leben führen" stark. Es sollte genau umgekehrt sein. Das heißt nicht, dass sie tatsächlich ein unglückliches Leben führen will, sondern dass in Bezug auf dieses Thema eine massive psychische Umkehrung vorliegt.

Massive psychische Umkehrung

Diese Form der Umkehrung hat einen massiven Einfluss auf das Leben der jeweiligen Person, sie erstreckt sich über viele Lebenszusammenhänge und Kontexte. Viele Bereiche im Leben der Person sind in Unordnung.

Getestet wird diese Umkehrung zum Beispiel mit dem Satz:
„Ich möchte glücklich sein."
Der Arm sollte stark testen.
Dann testet man den Satz:
„Ich möchte unglücklich sein."
Der Arm sollte schwach testen.
Man kann auch einfach eine Hand mit der Handfläche über dem Kopf halten lassen, der Arm sollte stark testen. Wenn man die Hand mit dem Handrücken über den Kopf hält, sollte der Arm schwach testen. Wenn es umgekehrt ist, liegt ebenfalls eine Umkehrung vor.
Umkehrungen sind einfach zu korrigieren, wenn man sie erst einmal gefunden hat.
Den richtigen Punkt zur Korrektur finden wir, indem bestimmte Punkte berührt werden und gleichzeitig der Satz „Ich möchte ein glückliches Leben führen" gesprochen wird. Der Punkt, der bewirkt, dass der Arm wieder stark wird, d.h. die Energie wieder richtig fließt, ist der Korrekturpunkt.
Wir können auch den etwas allgemeineren Satz benutzen: „Ich liebe und akzeptiere mich mit all meinen Problemen und Grenzen."
Utes Korrektur bestand darin, den „wunden Punkt" zu massieren und gleichzeitig drei Mal laut den Satz zu sagen: „Ich liebe und akzeptiere mich, obwohl ich kein glückliches Leben führen möchte. Ich liebe und akzeptiere mich, obwohl ich kein glückliches Leben führen darf".
Dann überprüften wir den Satz: „Ich werde ein glückliches Leben führen" als Bild für die Zukunft. Auch dieser testete schwach. Diesmal stärkte der Punkt „UN = Unter der Nase" den Satz. Sie klopfte den Punkt und sagte drei Mal laut: „Ich liebe und akzeptiere mich, auch wenn ich kein glückliches Leben führen werde". Danach testet sie wieder richtig herum. Diese Form der Umkehrung nennt sich „tief sitzende Umkehrung".

Tief sitzende Umkehrung

Diese Umkehrung sitzt, wie der Name schon sagt, sehr tief. Wir sind felsenfest davon überzeugt, dass wir dieses Problem niemals lösen werden.

Danach sollte sie den Stresswert bestimmen, er lag für sie bei 9.

Manchmal reicht es auch schon, wenn die Umkehrung aufgelöst ist, um den Stress zu reduzieren oder gar ganz aufzulösen.

Als Nächstes testeten wir, wie wir genau dieses spezielle Thema bearbeiten sollen. Zu unserer Überraschung meldete sich die Arbeit über die Häuser.

Das bedeutet, dass wir aus einer Fotoserie mit Häusern unterschiedlichen Stils eines austesten, welches wir zur Stresslösung nutzen. Näheres im Kapitel Häuserkarten.

Ute fiel sofort die Reithalle ein, die einen gewissen Schutz für sie bedeutete. Sonny kann in der Halle einfach nicht so schnell werden. Ute ist nicht so abgelenkt von Autos, Treckern, tobenden Nachbarpferden, Flugzeugen, Hühnern, Hunden etc. Allein das Bild von der Halle bewirkte eine weitere Stressreduzierung, er lag beim SUD bei 7,9 und beim MUD bei 7. Jetzt hatten wir auch die Erlaubnis, über die Methode der Klopfakupressur zu arbeiten. Ute brauchte eine individuelle Klopfsequenz aus vier Punkten:

MF=Mittelfinger*: Kreislauf-Sexus 9 (Nagelseite Richtung Zeigefinger,*

KF=Kleiner Finger*: Herz 9 (Nagelseite Richtung Ringfinger)*

JB=Jochbein*: Magen 1 (Knochen unterhalb der Iris)*

RF=Ringfinger*: Dreifacher Erwärmer 1 (Nagelseite Richtung kleiner Finger)*

Diese Punkte klopfte sie ca. zehn Mal und bestimmte dann von neuem den Stresswert: 6. Der Wert war zwar zurückgegangen, aber nicht entscheidend, ein Zeichen dafür, dass eine intervenierende Umkehrung vorliegt.

Die intervenierende Umkehrung

Diese Umkehrung tritt auf, wenn schon ein Teil der Balance erfolgreich war, dann aber der Fortschritt stagniert. Die Umkehrung besteht darin, das Problem vollständig zu lösen.
Utes Gefühl war, dass der Wille von Sonny stärker als ihr eigener sei. Der Satz lautete für sie: „Ich kann in jedem Fall weiterhin mit den Unberechenbarkeiten von Sonny umgehen."
Korrekturpunkt war erneut der „wunde Punkt" mit dem Satz: „Ich liebe und akzeptiere mich, obwohl ich nicht in jedem Fall mit den Unberechenbarkeiten von Sonny umgehen kann."
Es lag noch eine weitere Umkehrung vor, wir überprüften den Satz: „Ich werde auch weiterhin auf jeden Fall mit den Unberechenbarkeiten von Sonny umgehen können." Korrektur wieder über den Punkt UN=Unter der Nase.
Als dritte Umkehrung zeigte sich der Satz: „Ich verdiene es, mit den Unberechenbarkeiten von Sonny umgehen zu können." Diese Form der Umkehrung nennt man kriterienbezogene Umkehrung. Die Korrektur ging wieder über den „wunden Punkt" mit dem Satz: „Ich liebe und akzeptiere mich, auch wenn ich es nicht verdiene, mit den Unberechenbarkeiten von Sonny umgehen zu können".

Kriterienbezogene psychische Umkehrung

Diese Umkehrung bezieht sich auf bestimmte Kriterien des Problems.
Kriterien können sein: Verdienen, Sicherheit, Motivation, Möglichkeit, Erlaubnis, Nutzen, Verlust, Identität, Überleben.
Danach musste Ute insgesamt drei Mal ihre individuelle Sequenz klopfen, bis sich der Stresswert auf SUD 3 und MUD 2 einpendelte.
Wenn der Stresswert nicht weiter sinkt, aber auch keine Umkehrung vorliegt, ist es oft ein Zeichen, dass ein neuer Aspekt für dieses Thema aufgetaucht ist.

Der neue Aspekt bei Ute lautete Spaß haben, der dazugehörige Satz: „Ich verdiene es, Spaß zu haben." Wir sind darauf gekommen, weil galoppieren und Geschwindigkeit auch Spaß machen können. Viele Schüler lieben Sonny innig, weil es mit ihr nie langweilig wird und man eine Menge Spaß mit ihr haben kann. Wenn man denn keinen Stress darauf hat. Sie massierte wieder den „wunden Punkt" mit dem Satz: „Ich liebe und akzeptiere mich, auch wenn ich es nicht verdiene, Spaß zu haben." Es handelte sich also um eine kriterienbezogene Umkehrung. Ein weiterer Satz lautete: „Es ist mir erlaubt, Spaß zu haben." Auch hier massierte sie wieder den „Wunden Punkt" mit dem Satz „Ich liebe und akzeptiere mich, obwohl es mir nicht erlaubt ist, Spaß zu haben." Danach war der SUD auf 2,7 und der MUD auf 1.

Wenn der Stresswert sich ungefähr auf 2 eingependelt hat, könne wir eine so genannte Standardsequenz machen, die den restlichen Stress weiter ablöst. Diese Sequenz hilft auch allgemein, wenn Sie sich entspannen wollen und wir möchten Sie einladen, diese Übung gleich ausprobieren:
Sie klopfen immer gleichmäßig den Punkt auf dem Handrücken zwischen kleinem und Ringfinger (Serienpunkt), lassen den Kopf gerade und folgen den Anweisungen:

- Augen geschlossen,
- Augen offen,
- Augen scharf links unten,
- Augen scharf rechts unten,
- Augen in die eine Richtung kreisen,
- Augen in die andere Richtung kreisen,
- ein beliebiges Lied summen
- von 1–5 zählen
- ein beliebiges Lied summen
- langsam die Augen von unten nach oben hoch rollen, oben

Ich bin im Gleichgewicht, in Harmonie mit mir und meiner Umgebung. Ich darf meine Schätze präsentieren.

Ich gehe von der Dunkelheit ins Licht. Ich entscheide mich für meine Position.

Ich lebe im Einklang mit mir und meinen Pferden. Die Pferde sind eine Brücke zu meiner Natürlichkeit.

Ich darf mich zurückziehen und ich darf mich schützen. Ich habe alles, was ich brauche in mir.

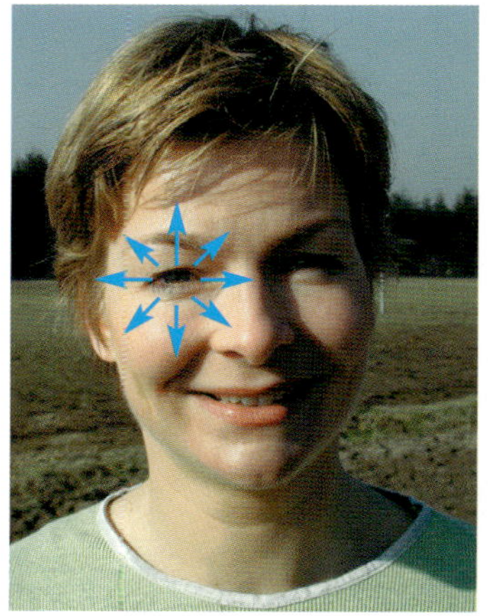

Augenpositionen: Von Geradeaus beginnend nach oben sowohl links als auch rechts herum

Kleine Punkte: Endpunkt Zentral- und Gouverneurgefäß
Mittlere Punkte: Niere 27 zur Korrektur der Überladung
Großer Punkt: Wunder Punkt

Gouverneurgefäß mit Anfangspunkt
Für die Korrektur einer Überladung
Reiterin massiert die Augenpunkte mit den Daumen

Über den Kopf bis zur Oberlippe: Gouverneurgefäß
Vom Schambein bis zur Unterlippe: Zentralgefäß

die Augen schließen, tief einatmen und beim Ausatmen mit geschlossenen Augen wieder nach unten rollen.

Danach konnte Ute keinen SUD bestimmen, kam sich irgendwie vollständig verdreht vor. Sie brauchte dringend einen Schluck Wasser. Danach fühlte sie sich besser, nur innerlich kalt. Wir testeten den Satz: „Es passt zu mir, mit den Unberechenbarkeiten von Sonny umgehen zu können." Darauf war sie wieder umgekehrt.

Manchmal, wenn sich eine Veränderung anbahnt, kommt Stress auf, weil wir uns nicht vorstellen können, diesen Stress nicht mehr zu haben. Wir glauben, es passt einfach nicht zu uns, etwas einfach zu tun, ein Problem einfach lösen zu können oder bestimmte Fähigkeiten zu haben.

Die Korrektur dieser kriterienbezogenen Umkehrung ging wieder über den „wunden Punkt" mit dem Satz: „Ich liebe und akzeptiere mich, auch wenn es nicht zu mir passt, mit den Unberechenbarkeiten von Sonny umgehen zu können." Danach fühlte sie sich ganz leer im Kopf, der MUD war bei 0. Sie hatte noch ein wenig Stress auf den Sattel, aber nicht so richtig.

Wir haben dann getestet, dass ihr nächster Schritt war, an der Longe zu galoppieren. Sonny war die ganze Herumsteherei inzwischen zu langweilig geworden. Das mochte sie überhaupt nicht, deswegen ist sie mit Ute an der Longe gleich ordentlich losgaloppiert. Zuerst war Ute erschrocken, aber sie konnte sich schnell einfinden. Zum Schluss war sie zwar sehr erschöpft, strahlte aber über das ganze Gesicht. So toll wäre sie noch nie in ihrem Leben galoppiert, es war total toll, sie hätte sogar schon die Hände lösen können, und die Beine hätten nicht mehr so geklammert.

Für das weitere Vorgehen testeten wir aus, dass das jetzt erst einmal eine Woche ruhen soll, zum Verarbeiten und Verdauen, und wir dann die Arbeit weiterführen könnten.

Am nächsten Tag flatterte uns folgender Bericht auf den Tisch:

28.09.2002

Und ich könnte sofort wieder ...

galoppieren!

Ponys, Sonnys und andere willensstarke Pferde galoppieren wann, wohin sie wollen und so schnell sie wollen. Oben bleiben hat äußerste Priorität. Das soll jetzt anders werden. Spaß am Galopp haben, alte Erfahrungen hinter sich lassen durch Testen – Klopfen und Galoppieren. Ich werde sehen:

„Ich liebe und akzeptiere mich, auch wenn ...", es ist mir erlaubt Spaß zu haben ...", „Ich liebe und akzeptiere mich, auch wenn ...".
Klopfen: Ringfinger – Mittelfinger – Augenknochen – subjektiver Stress: 8.7 auf der Skala. Meinem Magen wird kalt bei dem Gedanken ans Galoppieren.

„Ich liebe und akzeptiere mich (~~vollständig~~), auch wenn ich nicht vollständig mit Sonnys Unberechenbarkeit umgehen kann." Klopfen. Ringfinger – Mittelfinger – Augenknochen ...

Sonny wird unruhig und harrt trotzdem geduldig aus. Ich werde weiter getestet, geklopft, getestet, geklopft ....

und irgendwann kommt wieder die Frage, wieviel subjektiven Stress ich auf der 10ner Skala empfinde.
Ich empfinde nichts, ein Gefühl von Leere, in meinem Körper, von den Zehen bis zur Haarwurzel. Eine erstaunliche Leere umfaßt und umhüllt meinen Körper (meine Seele).

Dann galoppieren wir – an der Longe – Runde um Runde weicht die letzte Anspannung in meinem Körper. Ich spüre, wie Sonny mich trägt, schwingt. Meine Hände lösen sich ~~[illegible]~~ langsam vom sicheren Griff aus dem Sattel. Ich genieße das Galoppieren. Wärme, Lachen und Galoppieren.

Und ich könnte immer wieder so galoppieren!

Zwei weitere Fallbeispiele

Ein weiteres Klopfbeispiel

Jutta saß auf Momo, und wir stellten fest, dass sie mit den Gedanken noch woanders war und sich nicht ganz auf das Pferd konzentrieren konnte. Sie wollte sich mit ihrer Familie ein Haus ansehen, das für sie in Frage kam, konnte sich aber nicht vorstellen, dorthin zu ziehen, weil sie dann immer am Haus ihrer Mutter vorbeikommen würde, die im Pflegeheim lebt und bei der sie immer das Gefühl hatte, sie müsste sich noch mehr um sie kümmern. Wir haben dann einfach das Vorbeifahren „beklopft“ mit der ausführlichen Standardsequenz. Dann konnte sie sich auf das Reiten konzentrieren. In der nächsten Stunde erzählte sie mir, dass sie das Haus angesehen hätte, und auf dem Rückweg wäre ihr erst eingefallen, dass sie am Haus ihrer Mutter vorbeigefahren wäre.

Ein weiteres Kinesiologiebeispiel

Brigitte saß auf Jimmy, und die beiden hatten einen richtig guten Tag, sie fetzten im Galopp durch die Halle und waren vergnügt. Auf einmal hatte ich das Gefühl, dass sich etwas verändert hatte. Es sah so aus, als wäre Brigitte gar nicht mehr da; das Band zwischen Pferd und Reiter war durchtrennt, und gleichzeitig verfiel Jimmy in Schritt. Er ist ja so einer, der gleich spürt, wenn ein Reiter nicht mehr da ist, und da sieht er dann auch keine Veranlassung mehr weiterzugehen. Wir hatten schon öfter einmal kinesiologisch gearbeitet, und so konnte ich ihr auch sehr direkt meinen Eindruck sagen, weil ich auch wusste, dass sie mit ihrer Geschichte vertraut war. Da waren wir denn auch beide sehr neugierig, in welchen Kontext das einzuordnen war. Eins war klar, das war zu schön gewesen, zu entspannt, das konnte sie nicht zulassen, weil ihre Kindheitserfahrung war, dass sie ungeschützt war, wenn sie ohne Kontrolle ganz im Augenblick war und einfach losließ. Sie glaubte fest daran, dass sie immer auf der Hut sein musste, um eventuelle Gefahren abwenden zu können. Kontrolle sollte ihr den Schutz geben, den sie sonst nicht hatte. Nur funktioniert das beim Reiten nicht. Immer wenn sie das Gefühl hatte, sich nicht schützen zu können, lief sie innerlich weg.

In der kinesiologischen Arbeit meldete sich, dass sie lieber andere schützte als sich selbst. Über den Schutz der Anderen konnte sie sich an ihren eigenen Schmerz heranwagen. Ihr Stressempfinden lag bei 10. Wir sammelten erst einen „Container“ mit allen zugehörigen Situationen und Menschen und testeten auf psychische Umkehrung. Da hatten wir mal wieder die alten Freunde: Ich darf mich schützen, ich kann mich schützen, ich kann mich immer schützen, ich werde mich immer schützen. Nachdem wir dies aufgelöst hatten, machten wir eine Altersrückversetzung und landeten im Alter von 4 Jahren. Auch hier ging es um den Schutz, den sie in ihrer Familie so nicht gehabt hatte. Die Stressablösung machte sie mit einem Haus. Siehe Abbildung auf S 125. Dieses Haus mit seinem großen Zaun um das Grundstück repräsentierte für sie den Schutz, den sie so nötig hatte. Zurück in der Gegenwart konnten wir den „Container“ über eine individuelle Klopfsequenz entstressen. Das Ergebnis war, dass sie tatsächlich im Augenblick dableiben konnte, den Galopp voll und ganz genießen konnte, ohne davonlaufen zu müssen, und Jimmy machte begeistert mit.

Hilfe für eine Reiterin, die einen Unfall hatte

Irene hatte einen schweren Reitunfall. Rein körperlich war sie wieder gesund geworden, aber es gab immer wieder Situationen, die sie an den Unfall erinnerten. Der Schock saß immer noch im Körper, und sie wusste nicht, wie sie ihn loswerden konnte.

Auf der physiotherapeutischen Ebene erkannten wir durch Schock verkürzte und verspannte Muskeln, die über Physiotherapie und „Touch for Health“ bearbeitet wurden.
Außerdem brauchten Psyche und Energiesystem eine Balance, um die Folgen des Unfalls loszuwerden.
In mehreren Sitzungen wurden alle Aspekte des Vorfalls über individuelle Punkte „beklopft“:

- Der Stress, andere reiten zu sehen.
- Der Stress, überhaupt wieder selbst zu reiten.
- Der Stress, dieses bestimmte Pferd wieder zu reiten.
- Der Stress, dieses Pferd wieder zu galoppieren.
- Das Geräusch, vor dem das Pferd sich erschreckt hat.
- Wie das Pferd den Kopf hochgerissen hat.
- Der Moment des Antritts.
- Der Moment des Kontrollverlustes.
- Das Gefühl, wie das Pferd durchgegangen ist.
- Der Moment des Sturzes.
- Die Szenen nach dem Unfall,
  usw.

Wichtig bei der Arbeit ist, dass wir alle Aspekte eines Vorfalls beachten. Der Stress auf die Situation ist solange noch vorhanden, bis alle Teilaspekte balanciert sind.
Manchmal gehören sogar noch Aspekte zu einem „Thema“, die mit dem Unfall direkt gar nichts zu tun haben, die vor dem Unfall schon vorhanden waren und bei denen sich eine Erfahrung von früher wiederholt hat.
Wenn der Stress abgelöst ist, erinnern wir uns noch an das Ereignis, aber es führt nicht mehr dazu, dass wir blockiert sind oder der Schock uns noch in den Gliedern sitzt.
Dabei ist allerdings zu beachten, dass *realistische* Ängste nicht zum Verschwinden gebracht werden können. Angst hat immer auch eine Signalfunktion.

Anleitung zur Selbsterfahrung

Was können wir selber tun?
Wir haben in den vorausgegangenen Kapiteln aufgezeigt, dass es viele Stressoren geben kann im Umgang mit dem Pferd und beim Reiten. Vieles kann Stress sein, muss aber nicht, das ist individuell verschieden.
Nun möchten wir ausgewählte Methoden aus der Klopfakupressur und aus der Kinesiologie vorstellen, um den vorhandenen Stress abzubauen. Dabei haben wir Wert darauf gelegt, Methoden vorzustellen, die jeder Reiter und jede Reiterin für sich selbst oder im Freundeskreis anwenden kann. Falls sich der Stress nicht reduzieren lässt, muss ein erfahrener Therapeut oder eine erfahrene Therapeutin hinzugezogen werden. Adressen siehe Serviceteil.

Kinesiologische Übungen

An dieser Stelle möchten wir Sie mit einigen grundsätzlichen kinesiologischen Übungen vertraut machen, die Sie für sich ohne jede Vorkenntnisse anwenden können. Probieren Sie doch einfach mal jeden Tag eine Übung aus, und suchen Sie sich dann die Übungen aus, von denen Sie spüren, dass sie Ihnen helfen, in Einklang mit sich selbst zu kommen, bevor Sie auf Ihr Pferd steigen.

Der Diamond-Twist

Der Diamond-Twist ist eine Übung, die das Meridiansystem balanciert. Außerdem gibt sie einen zusätzlichen Impuls zur aufrechten Haltung, die für den Sitz sehr wichtig ist.

Sie stehen, die Beine hüftbreit auseinander, die Füße zeigen nach vorn, die Knie sind leicht gebeugt und die Arme waagerecht seitlich in Schulterhöhe angehoben. Sie halten den Kopf gerade und konzentrieren sich auf einen Punkt in Augenhöhe. Die Arme werden mit dem Oberkörper schwungvoll abwechselnd nach rechts und links gedreht, während die Augen weiterhin auf einen Punkt fixiert bleiben. Beachten Sie dabei, dass die Arme während der Drehbewegung in einer geraden Linie mit den Schultern bleiben. (siehe Abb.auf S. 144)
Während des Drehens in die eine Richtung atmen Sie mit geschlossenem Mund durch die Nase ein, wobei die Zunge am Gaumen liegt. Bei der Drehbewegung in die Gegenrichtung atmen Sie durch den Mund aus, während sich die Zunge hinter die Zähne des Unterkiefers legt. Wechseln Sie dann auch noch die Richtung beim Ein- und Ausatmen.

Die Ohren-Übung

Bei der Ohren-Übung werden Reflexzonen im Ohr angeregt. Das Ohrenausrollen verhilft uns dazu, auch unter Stress verbale Information aufzunehmen, und zwar in ihrem gesamten Kontext und nicht nur selektiv. Außerdem wird beim gesprochenen Wort die Resonanz Ihrer Stimme besser: Sie hören sich selbst besser, Sie können sich mehr darauf konzentrieren, was Ihre Reitlehrerin sagt, und bei Ihrem Pferd kommt auch deutlicher an, was Sie sagen wollen. Und ganz nebenbei hat das auch Auswirkungen auf Ihre Mitmenschen.
Nehmen Sie beide Ohrmuscheln zwischen Daumen und Zeigefinger und massieren Sie die Ränder zart von innen nach außen. Lassen Sie Ihre Hände dabei nach oben und unten wandern, während Sie Ihre Ohren ausrollen. Tun Sie dies, indem Sie den Kopf gerade halten und dann zur linken Seite sowie zur rechten Seite drehen. Sie spüren dann schon selbst, wann es genug ist. (siehe Abb. auf S. 143)

Die Augen-Auf-Übung

Wenn ich auf meinem Pferd sitze, dann muss ich mit all meinen Sinnen dabei sein, um angemessen agieren und reagieren zu können, dann muss ich wahrnehmen, was um mich herum geschieht.
Es gibt verschiedene Übungen:
Massieren der Augenpunkte bei gleichzeitiger Augenbewegung in Form einer liegenden Acht. Dies wird mit offenen sowie geschlossenen Augen gemacht. Die Augenpunkte sind zwei kleine Vertiefungen ca. 3,5–4 cm links und rechts von der Mittellinie, oberhalb des Hinterhauptbeinhöckers (siehe Abb. S. 126).

Die Augenübungskombination

Wenn Sie diese Übung öfter durchführen, dann werden Sie bald feststellen, dass Ihre Beweglichkeit und Entspanntheit im Nackenbereich zunimmt.
Sie stehen aufrecht, die Füße hüftbreit auseinander, die Zehen zeigen nach vorn. Einatmen (wie beim Diamond Twist beschrieben) und beim Ausatmen den Kopf nach vorne beugen. Beim Einatmen den Kopf wieder in die Ausgangsstellung zurückbringen. Beim wiederholten Ausatmen den Kopf beugen, wieder einatmen ... Insgesamt wird der Kopf dabei jeweils dreimal nach vorn; dreimal nach hinten, dreimal nach rechts zur Schulter, dreimal nach links zur Schulter gebeugt, und dreimal in jeder Richtung gekreist. Jede Bewegung wird nur bis zu dem Punkt ausgeführt, an dem keine Schwierigkeiten auftreten, es bedarf keines Nachdrückens oder -wippens. Die Beweglichkeit nimmt mit der Zeit zu.

Der Elefant

Der Elefant ist eine entspannende Übung für die Augen und den Nacken. Sie stehen mit gebeugten Knien und legen den

Kopf dicht auf die rechte Schulter, während Sie den rechten Arm nach vorne strecken. Mit dem ganzen Oberkörper malen Sie jetzt liegende Achten in die Luft. Fahren Sie vom Mittelpunkt der Acht nach oben. Die Augen schauen dabei über die Hand hinaus. Dasselbe machen Sie anschließend mit dem anderen Arm. Und denken Sie daran: Atmen ist immer eine gute Sache.

Überkreuzübungen

Überkreuzübungen stimulieren das Gehirn, sodass eine Verbesserung der physischen und psychischen Koordination bewirkt wird. Beide Gehirnhälften werden aktiviert und die körperliche Beweglichkeit verbessert. Überkreuzbewegungen werden immer gemacht, um die rechte und linke Gehirnhälfte gleichzeitig zu aktivieren. Das sieht so aus, dass z.B. der rechte Arm und das linke Bein gleichzeitig bewegt werden, oder dass der linke Ellbogen zum rechten Knie geführt wird und der rechte Ellbogen zum linken Knie. Die Bewegungen können sowohl nach vorn, nach hinten, als auch zur Seite gemacht werden. Wichtig ist, dass die Wechselbewegungen mehrmals ausgeführt werden. Wenn Sie dann noch dabei summen, brummen oder singen, aktivieren Sie den Gehirnbereich, der unter anderem für unbewusste Bewegungsabläufe zuständig ist. (siehe Abb. auf S. 144)

Das Stirn-Hinterkopf-Halten

Stirn-Hinterkopf-Halten bedeutet, durch die Berührung des Bereichs im Stirnlappen und des primären visuellen Bereichs im Hinterkopf die Blutversorgung zu den beiden Gehirnbereichen hinzulenken, die für bewusstes Denken und visuelles Gedächtnis ohne Emotion zuständig sind. Es ist eine Technik, die eine enorm beruhigende und zentrierende Wirkung hat.
Sie legen eine Hand auf die Stirn und die andere über die Mitte Ihres Hinterkopfes, wo sich der primäre visuelle Bereich befin-

det. Während Sie halten, atmen Sie tief und lassen im Geist ein stressbesetztes Thema vor sich ablaufen. Halten, atmen und schauen Sie auf die Stresssituation, solange, bis Sie die Ruhe spüren, die Sie mit dem nötigen Abstand auf die Situation schauen lässt. Ist es z.B. die angstbesetzte Vorstellung, dass Ihnen beim Ausritt wieder so ein riesiger Trecker Ihr Pferd scheu macht, dann setzen Sie sich auf einen Stuhl so, als ob Sie auf Ihrem Pferd sitzen würden. Stellen Sie sich das Bild solange vor, bis Sie merken, dass eine Entspannung eintritt. (siehe Abb. auf S. 143)

Die Überladung

Dies ist eine Übung, die hilft, sich zu zentrieren oder in einer Situation, in der Sie Angst und Unwohlsein verspüren, ins Gleichgewicht zu kommen. Ich nenne sie immer das „Morgengebet", weil ich damit am liebsten in den Tag starte.
Sie beinhaltet drei verschiedene Punkte, die jeweils massiert werden, während die andere Hand auf dem Bauchnabel liegt: Der Endpunkt des Zentralgefäßes sowie der Endpunkt des Gouverneurgefäßes, der Anfangsbereich des Gouverneurgefäßes und die beiden Endpunkte des Nierenmeridians.
Übersetzt in aufzufindende Akupressurpunkte heißt das: Mit dem Daumen unter der Unterlippe und dem Zeige- und Mittelfinger über der Oberlippe; mit der einen Hand am Steißbein; links und rechts vom Brustbein direkt unterhalb des Schlüsselbeins. (siehe Abb. auf S. 126)

Schutz und Zentrierung

Das Zentralgefäß ist ein Meridian, der auf der Körpermitte vom Schambein zur Unterlippe verläuft. Entsprechend dazu verläuft das Gouvernergefäß vom Steißbein entlang der Wirbelsäule über den Kopf und das Gesicht zur Mitte der Oberlippe. Wenn Sie sich ungeschützt fühlen, dann können Sie jeweils den Anfangs- und Endpunkt halten. Ich vergleiche die beiden Meridiane gerne mit einem Reißverschluss. Wenn dieser offen ist, kann völlig ungehindert und ungefiltert alles an Einflüssen hinein. Anstatt in gebührender Distanz zu sein, wühlt ein wütender Mitmensch oder der ungehaltene Chef direkt in Ihren Eingeweiden. Oder Sie haben immer wieder ohne jede Kontrolle ein Bild von einem fürchterlichen Reitunfall vor Augen, den Sie „nur“ gesehen haben.

Die Wayne-Cook-Übung

Diese Übung ist auch zur Zentrierung, sie ist ein Aufmunterer und heitert auf, wenn die Stimmung mal nicht so gut ist.
Die Cook Übung besteht aus zwei Teilen.
1. Legen Sie Ihren linken Knöchel über Ihr rechtes Knie. Fassen Sie mit der rechten Hand um den linken Knöchel und legen Sie Ihre linke Hand über den Ballen des linken Fußes. Oder, wenn es Ihnen andersherum angenehmer ist, rechter Knöchel über linkes Knie. Mit der linken Hand um den rechten Knöchel fassen und die rechte Hand über den Ballen des rechten Fußes legen. Atmen Sie tief, legen Sie dabei die Zunge an den Gaumen und schließen Sie die Augen.
2. Stellen Sie die Füße hüftbreit auf den Boden und legen Sie die Fingerspitzen aneinander. Schließen Sie wieder die Augen und atmen Sie tief.
Eine Minute reicht meistens aus. Machen Sie die Übung solange, bis Sie das Gefühl haben, dass es für Sie gut ist. (siehe Abb. auf S. 144)

Übung zum Verhaltensbarometer

Suchen Sie sich sich auf dem Verhaltensbarometer auf S. 108 die Position aus, die zu Ihrem Thema passt. Geht es zum Beispiel ums Galoppieren, so setzen Sie sich am besten etwas breitbeinig auf einen Stuhl. Stellen Sie sich die entsprechende

Situation nochmals vor. Halten Sie dann Stirn und Hinterkopf, und drehen die Augen in die verschiedenen Positionen wie auf Seite 126. Sagen Sie in jeder Position die wichtigste Aussage des Verhaltensbarometers zu Ihrem Thema laut, sodass Sie es selbst hören können. Sie fangen mit der stressbesetzten Seite an und wechseln nachher zum gewünschten Zustand.
Nehmen wir als Beispiel unter: Verlustangst = bedroht, dann würden Sie mit dem Satz: „Ich fühle mich bedroht" arbeiten und diesen in jeder Augenposition laut sagen. Sie können das auch mit geschlossenen Augen tun. Wechseln Sie von der Mitte aus die Richtung, sodass Sie einmal rechts und einmal links herum geschaut haben. Dehnen Sie Ihre Augenmuskulatur wirklich aus, das ist anstrengend, aber effektiv.
Nun nehmen Sie den Begriff, der auf der linken Seite unter Sicherheit steht, und sagen in den verschiedenen Augenpositionen den Satz: „Ich bin mutig". Achten Sie bitte auf die unterschiedliche Formulierung von „ich fühle" und „ich bin". Atmen ist eine gute Sache dabei!
Nehmen Sie in jeder Position einen tiefen Atemzug.
Nehmen Sie die Hände vom Kopf, und sehen Sie nochmals auf Ihre Stresssituation. Hat sie sich verändert, macht sie keinen Stress mehr, oder ist es einfach leichter geworden? Es schadet nicht, wenn Sie diese Übung an mehreren Tagen wiederholen. Manchmal reicht dann auch schon aus, wenn Sie sich Stirn und Hinterkopf halten und nur den Satz „Ich bin mutig" sagen und dabei tief durchatmen.

Anleitung für die Klopfsequenz

Wir sind bei dem Fallbeispiel von Ute ab S. 119 schon auf das Phänomen der psychischen Umkehrung eingegangen.
Wenn ein Reitschüler psychisch umgekehrt ist, dann kann

man als Reitlehrer reden und machen und tun, und der Schüler ist nicht in der Lage, irgendetwas davon umzusetzen. Er kann es wirklich nicht. Wenn er umgekehrt ist, ist der Stress vorprogrammiert, und alle Beteiligten fühlen sich gestresst.
Bevor wir über Meridianpunkte-Klopfen das Thema bearbeiten können, müssen wir eventuelle Umkehrungen beseitigen. Wir tun einfach mal so, als wenn alle Umkehrungen vorhanden sind. Wenn eine korrigiert wird, ohne dass es eigentlich nötig wäre, richtet es keinen Schaden an. Wenn es allerdings tatsächlich nötig ist, wird erst durch die Korrektur der Erfolg der Balance ermöglicht.
Wir kennen die unterschiedlichsten Formen der psychischen Umkehrung.

Psychische Umkehrungen

Massive psychische Umkehrung

Diese Form der Umkehrung hat einen massiven Einfluss auf das Leben der jeweiligen Person, sie erstreckt sich über viele Lebenszusammenhänge und Kontexte. Viele Bereiche im Leben der Person sind in Unordnung.
Getestet wird diese Umkehrung zum Beispiel mit dem Satz:
„Ich möchte glücklich sein."
Der Arm sollte stark testen.
Dann testet man den Satz:
„Ich möchte unglücklich sein."
Der Arm sollte schwach testen. Wenn die Ergebnisse andersherum sind, liegt eine Umkehrung vor. Diese wird folgendermaßen korrigiert:
Es wird der „wunde Punkt" massiert und gleichzeitig drei Mal laut der Satz gesagt:
„Ich liebe und akzeptiere mich mit all meinen Problemen und Grenzen."

Dann werden wieder beide Sätze getestet:
„Ich möchte glücklich sein."
„Ich möchte unglücklich sein."
Jetzt müssten die Testergebnisse „richtig herum" sein, dann ist die Umkehrung behoben.

Spezifische oder kontextbezogene Umkehrung

Diese Umkehrung bezieht sich auf ein spezielles Problem, auf einen speziellen Kontext, z.B. das Thema Reiten. Auch wenn wir uns in anderen Bereichen unseres Lebens wohl fühlen und kompetent sind, kann es sein, dass uns nur das spezielle Thema Reiten oder sogar noch feiner das Thema Springen Probleme macht. Soviel Energie wir auch in dieses Thema stecken, wir kommen einfach nicht weiter. Wir fühlen uns unfähig und wollen es aufgeben, reiten zu lernen, vielleicht sind wir aber nur einfach umgekehrt.
Getestet wird zum Beispiel mit folgenden Sätzen:
„Ich will dieses Problem (diesen Stress, diese Erinnerung) überwinden."
„Ich will mit Leichtigkeit reiten lernen."
„Ich will entspannt auf meinem Pferd sitzen."
All diese Sätze sollten stark testen. Testen sie schwach, überprüfen wir den negativen Satz dazu:
„Ich will dieses Problem (diesen Stress, diese Erinnerung) weiterhin behalten."
„Ich will nicht mit Leichtigkeit reiten lernen."
„Ich will nicht entspannt auf meinem Pferd sitzen."
Testen diese Sätze stark, so liegt eine kontextbezogene Umkehrung vor und muss korrigiert werden.
Es wird der Punkt HK = Handkante geklopft und gleichzeitig drei Mal laut der Satz gesagt:
„Ich liebe und akzeptiere mich, auch wenn mich dieses Problem (dieser Stress, diese Erinnerung) weiterhin belastet."

„Ich liebe und akzeptiere mich, auch wenn ich nicht mit Leichtigkeit reite."
„Ich liebe und akzeptiere mich, auch wenn ich nicht entspannt auf meinem Pferd sitze."
Danach werden wieder die Ursprungssätze getestet, diese sollten jetzt stark testen, dann ist die Umkehrung behoben.

Tief sitzende Umkehrung

Diese Umkehrung sitzt, wie der Name schon sagt, sehr tief. Wir sind felsenfest davon überzeugt, dass wir dieses Problem niemals lösen werden.
Getestet werden folgende Sätze:
„Ich werde dieses Problem (diesen Stress, diese Erinnerung) überwinden."
„Ich werde mit Leichtigkeit reiten lernen."
„Ich werde entspannt auf meinem Pferd sitzen."
Testen diese Sätze schwach, werden die Negativsätze getestet:
„Ich werde niemals dieses Problem (diesen Stress, diese Erinnerung) überwinden."
„Ich werde niemals mit Leichtigkeit reiten lernen."
„Ich werde niemals entspannt auf meinem Pferd sitzen."
Testen diese Sätze stark, liegt eine tief sitzende Umkehrung vor und muss korrigiert werden.
Es wird der Punkt UN = Unter der Nase geklopft und gleichzeitig werden folgende Sätze gesagt:
„Ich liebe und akzeptiere mich, auch wenn ich niemals dieses Problem (diesen Stress, diese Erinnerung) überwinden werde."
„Ich liebe und akzeptiere mich, auch wenn ich niemals mit Leichtigkeit reiten werde."
„Ich liebe und akzeptiere mich, auch wenn ich niemals entspannt auf meinem Pferd sitzen werde."
Danach werden die Ursprungssätze wieder getestet, die stark testen sollten. Dann ist die Umkehrung behoben.

Kriterienbezogene psychische Umkehrung

Diese Umkehrung bezieht sich auf bestimmte Kriterien des Problems.
Kriterien können sein: Verdienen, Sicherheit, Motivation, Möglichkeit, Erlaubnis, Nutzen, Verlust, Identität, Überleben.
Wir testen dazu folgende Sätze:
„Ich verdiene es, dieses Problem zu überwinden."
„Ich bin in Sicherheit, wenn ich dieses Problem überwinde."
„Ich tue alles, was möglich ist, um dieses Problem zu überwinden."
„Ich habe alles, was ich brauche, um dieses Problem zu überwinden."
„Ich erlaube mir, dieses Problem zu überwinden."
„Es wird gut für mich sein, wenn ich dieses Problem überwinde."
„Es wird mir etwas fehlen, wenn ich dieses Problem überwinde."
„Ich werde meine Identität verlieren, wenn ich dieses Problem überwinde."
„Ich werde überleben, wenn ich dieses Problem überwinde."
Alle diese Sätze sollten stark testen. Dann wird der gegenteilige Satz getestet. Der sollte schwach testen. Wenn nicht, liegt eine Umkehrung vor und muss korrigiert werden.
Wir massieren den „wunden Punkt" und formulieren den Satz: „Ich liebe und akzeptiere mich, auch wenn ..." (kriterienbezogener Satz)
Danach wird der Ursprungssatz erneut getestet und sollte stark testen.
Dann ist die Umkehrung behoben.

Intervenierende Umkehrung

Diese Umkehrung tritt auf, wenn schon ein Teil der Behandlung erfolgreich war, dann aber der Fortschritt stagniert. Die Umkehrung besteht darin, das Problem vollständig zu lösen.

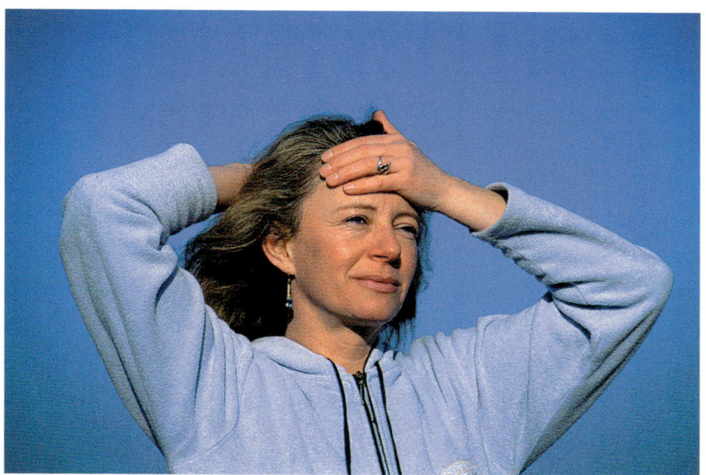

Stirn-Hinterkopf halten

Ohrenausrollen

Diamond-Twist

Überkreuzbewegungen

Wayne-Cook

Getestet werden die Sätze:
„Ich möchte dieses Problem vollständig lösen."
„Ich möchte noch einen Teil des Problems behalten."
Wieder sollte der erste Satz stark und der zweite Satz schwach testen. Ist es nicht so, liegt eine intervenierende Umkehrung vor. Sie wird korrigiert mit dem Satz:
„Ich liebe und akzeptiere mich, auch wenn ich noch einen Teil des Problems habe (behalten möchte)." Dabei wird wieder der „wunde Punkt" gerieben.
Danach werden die Ursprungssätze erneut getestet. Wenn der erste Satz stark und der zweite Satz schwach testet, ist die Umkehrung behoben und die Behandlung kann fortgeführt werden.
Es kann auch Mischformen dieser Umkehrungen geben.
Gemeinsamkeit der Korrektur ist neben dem Klopfen bestimmter Punkte, dass wir uns akzeptieren und lieben, obwohl wir dieses Problem haben. Niemand kann perfekt sein, und wenn wir uns so nehmen wie wir sind, mit allen Problemen und Schwierigkeiten, liebevoll mit uns umgehen, auch wenn vielleicht etwas nicht so klappt wie es sollte, dann kann auch unser Meridiansystem stabil bleiben.
Wenn wir mit uns unzufrieden sind, mit uns nörgeln und uns selbst verachten, schwächen wir zusätzlich zu dem jeweiligen Problem noch mehr unser Meridiansystem. Jeder negative, kritische, verachtende Gedanke über uns selbst schwächt unsere Energie. Beobachten Sie doch einmal einen Tag, was Sie alles über sich selbst denken. Sind das positive, ermutigende, liebevolle oder destruktive, bestrafende verachtende Gedanken? Und wie denken Sie über Ihr Pferd, liebevoll oder kritisch? Auch Pferde (Freunde, Kinder) können Opfer unserer psychischen Umkehrung werden.
Wenn wir eventuelle Umkehrungen korrigiert haben, wenden wir uns dem eigentlichen Klopfen zu.

NAEM

Für die Selbsthilfe wollen wir ein Verfahren vorstellen, das von Fred P. Gallo entwickelt wurde und das er NAEM nennt, Negative Affekt Erasing Method.

Suchen Sie sich für den ersten Versuch das Foto aus, das für Sie das größte Unbehagen bedeutet. Wahlweise können Sie auch an ein Erlebnis mit Ihrem Pferd denken.

Korrigieren Sie auf jeden Fall eine Überladung, indem Sie mit der einen Hand den Bauchnabel halten und mit der anderen Hand dabei folgende Punkte massieren (siehe S. 126):

- US = Unter dem Schlüsselbein (Niere 27), beide Punkte gleichzeitig und danach die Hände wechseln.
- UN = (Unter der Nase) und UL = (Unter der Unterlippe) massieren, wir nennen das immer den „Entenschnabel". Danach die Hände wechseln.
- Steißbein reiben, danach Hände wechseln.

Stimmen Sie sich wirklich auf das jeweilige Thema ein, bis Sie das Unbehagen oder den Stress fühlen können.

Bestimmen Sie Ihren Stresswert auf einer Skala von 0 – 10, wobei 0 gar kein Stress und 10 absoluter Stress bedeutet.

Korrigieren Sie eine eventuell vorhandene massive psychische Umkehrung, indem Sie den „wunden Punkt" (vgl. Abb. S. 126) massieren und drei Mal laut sagen: „Ich liebe und akzeptiere mich vollständig mit all meinen Problemen und Schwierigkeiten."

Korrigieren Sie eine tief sitzende Umkehrung, indem Sie den Punkt unter der Nase klopfen und drei Mal laut sagen: „Ich liebe und akzeptiere mich, obwohl ich dieses Problem (diesen Stress, diese Erinnerung) niemals überwinden werde, ... obwohl ich niemals entspannt auf dem Pferd sitzen werde, ... obwohl ich niemals gut reiten werde."

Korrigieren Sie eine kriterienbezogene Umkehrung, indem Sie den Handkantenpunkt klopfen und drei Mal laut sagen: „Ich liebe und akzeptiere mich, obwohl ich es nicht verdiene, dieses Problem (diesen Stress, diese Erinnerung zu überwinden, ... obwohl ich es nicht verdiene, entspannt auf meinem Pferd zu sitzen, ... obwohl ich es nicht verdiene, gut reiten zu können."
Bestimmen Sie den individuellen Stresswert auf einer Skala von 0 – 10.
Denken Sie an Ihr „Thema" und klopfen Sie mit Zeige- und Mittelfinger folgende Punkte (vgl. S. 36):
DA = Drittes Auge
UN = Unter der Nase
UL = Unterhalb der Unterlippe
B = Brust
Bestimmen Sie den individuellen Stresswert auf einer Skala von 0 – 10.
Hat der Wert sich verringert, klopfen Sie erneut die 4 Punkte und denken dabei an Ihr Thema:
DA = Drittes Auge
UN = Unter der Nase
UL = Unterhalb der Unterlippe
B = Brust
Bestimmen Sie den individuellen Stresswert auf einer Skala von 0 – 10.
Klopfen Sie solange die 4 Punkte und denken dabei weiterhin an Ihr Thema.
Wenn der Stresswert nicht weiter sinkt, sondern bei 3–5 stehen bleibt, korrigieren Sie die intervenierende Umkehrung, indem Sie den „wunden Punkt" massieren und drei Mal laut sagen: „Ich liebe und akzeptiere mich vollständig, auch wenn mich noch ein Teil des Problems (des Stresses, der Erinnerung) belastet ... auch wenn ich noch nicht ganz entspannt auf dem Pferd sitze ... auch wenn ich noch nicht richtig gut reiten kann."

Bestimmen Sie den individuellen Stresswert auf einer Skala von 0 – 10.
Klopfen Sie erneut die vier Behandlungspunkte und denken Sie dabei an Ihr Thema:

DA = Drittes Auge
UN = Unter der Nase
UL = Unterhalb der Unterlippe
B = Brust

Bestimmen Sie den individuellen Stresswert auf einer Skala von 0 – 10.
Wenn sich auf Ihrer Skala keine Veränderung mehr zeigt, brauchen Sie entweder individuelle Behandlungspunkte oder eine individuelle Auflösung einer psychischen Umkehrung.
Wenn der Stress sich zwischen 1 und 3 eingependelt hat, arbeiten Sie mit der Methode weiter, die 9 Gammut genannt wird und folgendermaßen aussieht:
Sie klopfen immer gleichmäßig den Serienpunkt auf dem Handrücken zwischen kleinem und Ringfinger, lassen den Kopf gerade und folgen den Anweisungen:

- Augen geschlossen,
- Augen offen,
- Augen scharf links unten,
- Augen scharf rechts unten,
- Augen in die eine Richtung kreisen,
- Augen in die andere Richtung kreisen,
- ein beliebiges Lied summen,
- von 1–5 zählen,
- ein beliebiges Lied summen.

Bestimmen Sie den individuellen Stresswert auf einer Skala von 0 – 10. Wenn er weiter abgesunken, aber nicht bei 0 ist, entspannen Sie weiter mit einer Methode, die Augenrollen genannt wird:

Klopfen Sie den Serienpunkt gleichmäßig weiter und rollen Sie bei gerade gehaltenem Kopf die Augen langsam von ganz unten nach ganz oben.
Jetzt sollte Ihr Stresswert bei 0 angekommen sein. Ist er es nicht, brauchen Sie eine individuelle Behandlung.
Dieses Verfahren wirkt auf den ersten Blick sehr kompliziert und ungewöhnlich, hat aber schon ganz vielen Menschen bei den unterschiedlichsten Themen geholfen. Mit ein wenig Übung braucht man keine zwei Minuten mehr dafür.

Stress auf eigene Situationen

Probieren Sie doch einmal aus, einen 36er Film zu nehmen und die eigenen Stresssituationen zu fotografieren. Dann können Sie mit der Methode der NAEM diesen Stress bearbeiten. Vielleicht ist das für Sie eine Möglichkeit, sich ohne Pferd von etlichen Stressoren zu befreien.

Ziele – und wie ich sie erreichen kann

Wir haben Ihnen vielfältige Möglichkeiten der Stressreduzierung vorgestellt. Im Folgenden möchten wir Ihnen noch eine Anleitung an die Hand geben, sich über Ihre Ziele klarer zu werden und diese mit Hilfe von Visualisierung und Klopfen leichter zu erreichen.
Schreiben Sie kurz auf, welche Ziele Sie beim Reiten haben!

1. ____________________
2. ____________________
3. ____________________
4. ____________________
5. ____________________
6. ____________________

Bilden Sie aus diesen Zielen positive Sätze. Einige typische Beispiele haben wir hier aufgeführt.
Schreiben Sie jeweils dahinter, wie sehr Sie glauben, dieses Ziel erreichen zu können. Dabei steht 0 für überhaupt nicht und 10 für absolut. Notieren Sie ebenfalls, wenn Sie glauben, dieses Ziel schon erreicht zu haben.

Affirmationen für meine Ziele

- Ich bin sicher und ausbalanciert im Galopp. ____________
- Ich habe Spaß beim Reiten. ____________
- Ich darf Erfolg beim Reiten haben. ____________
- Ich habe einen harmonischen Kontakt zu mir und meinem Pferd. ____________
- Ich kann reiten. ____________
- Ich bin locker und entspannt in meinem Gleichgewicht.
- Ich darf mich tragen lassen – Ich kann loslassen – Ich kann mich hingeben. ____________
- Ich sorge zuverlässig für mich und mein Pferd.____________
- Ich habe mein Tempo. ____________
- Ich bin eine Führungskraft – Mein Pferd vertraut mir. ____
- Eigenes Ziel … ____________

Klopfen Sie den Serienpunkt (auf dem Handrücken, zwischen der Verlängerung von kleinem Finger und Ringfinger), während Sie sich gleichzeitig das Erreichen dieses Zieles vorstellen. Je lebhafter das Bild dessen ist, was Sie erreichen, desto klarer weiß Ihr Körper, wo es hingehen soll. Machen Sie diese Übung an mehreren Tagen hintereinander, um Ihr Zielbild zu festigen.

Jede Reise beginnt mit dem ersten Schritt

Wir haben in den vergangenen Kapiteln aufgeführt, welcher Stress, welche Missverständnisse und welche Probleme mit Pferden und beim Reiten auftreten können. Dabei haben wir unser Hauptaugenmerk auf die Psyche, auf die Seele der Reiterin oder des Reiters gesetzt und festgestellt, dass wir reiterliche Probleme und reiterlichen Stress auf unterschiedlichste Art lösen können.

Das geht jedoch nur Schritt für Schritt, nur Zwiebelschale für Zwiebelschale, so lange, bis der jeweilige Stress verschwindet. Vielleicht fühlen Sie sich wie erschlagen, weil wir Themen angesprochen haben, die Sie berührt haben. Vielleicht denken Sie auch, dass Sie bisher alles verkehrt gemacht haben. Es kann sein, dass Ihnen einiges sehr unverständlich vorkommt. Oder Sie haben das Gefühl, vor einem großen Berg zu stehen und nicht zu wissen, wo Sie anfangen sollen. Keiner kann und soll perfekt sein. Das, was Sie bisher gelernt haben, hatte seinen Wert in der entsprechenden Zeit und hat Ihnen auf die eine oder andere Art bisher genutzt. Wenn Sie jetzt neugierig werden auf das, was Sie anders machen könnten und möchten, dann fangen Sie einfach mit einem ersten Schritt an.

Treffen Sie, wenn Sie es heute wollen, die Entscheidung, sich auf einen anderen Weg zu machen. Lösen von alten Mustern und Umsetzen von Erkenntnissen geht nicht von heute auf morgen. Wachsen, auf die innere Stimme hören und sich entwickeln ist der Sinn. Dabei ist der Weg das Ziel.

Lassen Sie sich nicht abschrecken, indem Sie in Selbstsabotage verfallen, in: „Ich kann nicht“ oder: „Ich kann nie“.

Die Bereitschaft zum Kontakt zu sich selbst und zu seinem Pferd ist Voraussetzung für alles. Seien Sie offen für das, was das Leben für Sie noch an Möglichkeiten bereithält. Probieren Sie die beschriebenen Vorgehensweisen aus und lassen Sie sich vom Ergebnis überraschen.

Die Pferde werden – leichter und wertfreier als Menschen – Ihren Weg, den Sie einschlagen, mitgehen. Fangen Sie an, darauf zu vertrauen.

Wir wünschen Ihnen viel Freude und Einklang mit Ihnen selbst und mit Ihrem Pferd.

Stress, den Pferde durch die Menschen haben

Der Schwerpunkt dieses Buches lag bisher auf den Reitern, deren Psyche und deren Stress. Aber natürlich können auch die Pferde Stress haben, Stress, der größtenteils wiederum von den Menschen verursacht wird. Wir wollen einen kleinen Eindruck geben, was dies im Einzelnen sein kann.

Aufzucht

Viele Pferde hatten schon einen schlechten Start ins Leben. Die gängige Praxis, die Fohlen erst einmal fünf Monate in der Box zu lassen, weil sie sich ja erkälten könnten, bewirkt, dass die Fohlen gleich vom Tag ihrer Geburt nicht die Möglichkeit bekommen, draußen zu sein, mit Licht- und Umweltreizen zurechtzukommen und sich so zu bewegen, wie ein Fohlen es für seine gesunde Entwicklung braucht.

Anreiten

Dann werden sie eingeritten, oft nicht so langsam und schonend, wie es für ein junges Pferd erforderlich ist. Ich habe erlebt, dass ein Reiter, dessen Pferd vier (!) Wochen unter dem Sattel war, stolz berichtete, dass sein Pferd schon L-Lektionen geht. Es gibt Pferde, die sich in dieser Art und Weise anbieten. Dies sind leider auch meist die Pferde, die sehr früh überfordert werden. Besagter Reiter war unter seinen Stallkollegen sehr anerkannt. Doch was bedeutet es für das weitere Leben dieses Pferdes? Das Pferd durfte sich in der Zeit, in der ich es beobachtet habe, nicht einmal wohlig vorwärts-abwärts strecken. Wie soll es lernen, über den Rücken zu gehen, sich selbst auszubalancieren, Muskeln und Sehnen langsam und vorsichtig auf die Belastung vorzubereiten? Und dann wundern sich die Reiter, wenn ihr Pferd mit neun Jahren unbrauchbar wird. Und reiten ihr nächstes Pferd noch früher ein, „weil sie davon ja noch etwas haben wollen". Ich möchte hier nicht alle Reiter über einen Kamm scheren, viele bemühen sich redlich, die Ausbildung für die Pferde so schonend wie möglich zu gestalten. Aber es gibt wie gesagt auch andere, und wenn wir uns ein Pferd kaufen, werden wir mit diesen Problemen konfrontiert.

In der spanischen Hofreitschule in Wien gelten siebenjährige Pferde als „alte Remonte", also gerade in der Grundausbildung. Heutzutage gehen Siebenjährige schon anspruchsvolle Springprüfungen und Dressuraufgaben, und wenn man ein fünfzehnjähriges Pferd hat, ist es schon so alt, dass es in den offiziellen FN-Statistiken des Pferdebestandes kaum noch auftaucht. In der spanischen Hofreitschule gehen fünfundzwanzigjährige Hengste noch das volle Tourneeprogramm (beinhaltet sechs Minuten versammelter Galopp!).

Unfälle, schlechte Erfahrungen

Selbst wenn sich die Menschen bemühen, alles gut und richtig zu machen, kann es trotzdem zu Unfällen oder schlechten Erfahrungen kommen. Mein neues Pferd Court, sonst eine Seele von Pferd, riecht Tierärzte drei Meilen gegen den Wind und ist dann nicht ansprechbar. Außerdem hat er eine solche Angst vor der Reiterhand, dass er sich nicht traut, die Anlehnung zu suchen, stattdessen verkriecht er sich förmlich hinter dem Zügel.

Wenn wir als Reiter also ein Pferd kaufen und es nicht selbst aufgezogen haben, kann bis dahin schon viel passiert sein.

Es könnte ein ganzes (dickes) Buch ausfüllen, welchem Stress die Pferde durch uns, durch die Haltung und den Umgang ausgesetzt sind. Wir bemühen uns redlich, ihnen ein gutes und artgerechtes Leben zu ermöglichen. Aber wir haben auch zu kämpfen mit traditionellen Methoden des Reitens und der Pferdehaltung. Ich selbst habe eine Anzeige wegen Tierquälerei erhalten, weil meine Pferde im Winter draußen waren. Was Boxenpferde erleiden, fragt kein Mensch. Wie viele gesundheitliche und reiterliche Probleme gehen darauf zurück, dass ein Bewegungs- und Herdentier nicht seinen Bedürfnissen entsprechend gehalten wird.

Pferdehaltung

Man wird als Tierquäler beschimpft, wenn die Pferde draußen sind, egal welches Wetter ist

Pferde haben ein Grundbedürfnis nach Licht. Erst unter direkter Sonneneinstrahlung können bestimmte Vitamine gebildet werden. Außerdem ist ja auch von den Menschen bekannt, dass Lichtmangel Depressionen verursachen kann. In den skandinavischen Ländern, in denen es im Winter sehr lange dunkel ist, behelfen sich die Menschen oft mit einer Lichttherapie.

In den „Ethischen Grundsätzen des Pferdefreundes" der FN heißt es: 1. Wer auch immer mit dem Pferd sich beschäftigt, übernimmt Verantwortung für das ihm anvertraute Lebewesen. 2. Die Haltung des Pferdes muss seinen natürlichen Bedürfnissen angepasst sein.

Pferde haben auch ein Grundbedürfnis nach frischer Luft. Durch den Pferdeurin kommt es in einem Stall zur Bildung von Ammoniakgas. Das wiederum gibt in Verbindung mit Wasser eine aggressive Lauge (Salmiakgeist). Wasser ist in einer Box zum Beispiel in der Tränke vorhanden. Auch bleibt

die Lauge in der Fesselbeuge hängen, was in Verbindung mit Wasser zu Mauke führen kann. Die Hufe haben normalerweise ein leicht saures Milieu, das von Schweißdrüsen in den Strahlfurchen erhalten wird. Durch die Lauge verändert sich das Milieu und es kommt zu Strahlfäule.
Außerdem werden sämtliche Schleimhäute angegriffen. Der Pferdekörper schützt sich vor dem Angriff mit der Bildung von Schleim. Dann kommt es zu den Atemwegserkrankungen, wenn die Pferdebesitzer das merken, ist oft schon der Schaden da. Dann heißt es, „Hilfe, mein Pferd hustet, es muss in der Box bleiben, weil es sich sonst noch mehr erkältet". Und damit macht man es noch viel schlimmer.
Kaufen Sie einmal einen Messstreifen für den pH-Wert (nennt sich Indikatorpapier, kostet etwa 6 Euro und gibt es in der Apotheke) und messen Sie den pH-Wert der gesamten Umgebung Ihres Pferdes, z.B. Ihr Tränkwasser, zehn Zentimeter über Ihrer Einstreu, etwa in Höhe der Pferdenase, auf dem Paddok, auf der Koppel.

– *wenn die Pferde „nasse Hufe" bekommen*

Pferdehufe sollten beim Wandhorn etwa 20 %, beim Strahlhorn sogar 50 % Wasser enthalten. Huffett verhindert die Wasseraufnahme. Die Pferde brauchen täglich ihr Wasserbad, auch Matsch schadet nicht sondern nützt sogar, wenn der Auslauf regelmäßig abgeäppelt wird.

– *wenn sie keine Decken aufgelegt bekommen*

Pferde haben eine fantastische Temperaturregulation, die aber durch die Decken verhindert wird. Den Pferden wird es somit genommen, selbst für ihre Regulation zu sorgen. Ihr Körper hat im Vergleich zu ihrer Masse eine geringere Körperoberfläche als bei Menschen. „Mit Zunahme des Körpergewichtes steigen die Schwierigkeiten der Wärmeabführung im Quadrat. Denn die relative Körperoberfläche, also die Oberfläche pro Kilogramm Körpergewicht und damit die Wärmeabgabe über die Haut ist beispielweise bei einem 75 kg schweren Menschen zwanzigmal!!! größer als bei einem 600 kg, also 8 mal so schweren Pferd". (Zitiert nach den Seminarunterlagen des Seminars: „Ein Pferdeleben lang gesund. Gesunde Hufe ohne Beschlag, durchgeführt von Peter Speckmaier, vgl. Service S. 170). Wenn wir schon frieren, geht es den Pferden noch ganz lange nicht so. Außerdem können sie ihre Temperatur durch Aufstellen oder Legen der Haare regulieren. Als weitere Möglichkeit steht ihnen die Erweiterung der Blutgefäße zur Verfügung. Damit kann das Blut weiter abgekühlt werden, allerdings nur, wenn keine Decke aufgelegt ist. Sowohl die Anpassung durch Stellen und Legen des Fells als auch die Regulierung über die Blutgefäße geschieht über Muskeln, die, wie wir alle wissen, eines gewissen Trainings bedürfen, um ihre Funktion zu erhalten. Wir dürfen nicht unser Bedürfnis nach Wärme auf die Pferde projizieren. Dadurch entstehen die Probleme, die eigentlich ausgeschaltet werden sollen, nämlich, dass die Pferde anfällig für Erkrankungen der Atemwege werden.

– wenn Pferde keine Gamaschen oder Bandagen tragen

Diese können die Sehne nicht stützen, können sie aber schädigen, weil sie die Durchblutung des Beines und des Hufes verhindern bis unterbinden. Somit können Gamaschen und Bandagen die Probleme verursachen, vor denen sie eigentlich schützen sollten, nämlich Sehnenschäden, Sehnen(scheiden)entzündungen oder Stolpern, weil die Pferde kein Gefühl mehr in den Hufen haben usw.

– wenn die Pferde barfuß laufen

Dies wird oft kritisiert, ohne zu wissen, was ein Beschlag, und sei es „nur" ein Kunststoffbeschlag oder sogar ein orthopädi-

scher Beschlag, beim Pferd anrichten kann. Die Hufe bei einem beschlagenen Pferd werden deutlich viel weniger durchblutet, weil der natürliche Hufmechanismus verhindert wird. Dieser Hufmechanismus ist einmal zuständig für die Ernährung des Hufes, zum anderen dient er auch als Blutpumpe, um das verbrauchte Blut wieder zum Herzen zu transportieren. Wenn die Bewegung, die im Huf entsteht, nicht zur Seite ausweichen kann, weil sie durch die Eisen behindert wird, geht die Bewegung nach oben in den Huf hinein und quetscht ihn, und zwar unter anderem in der Gegend der Hufrolle. Dann kann es zu der gefürchteten Hufrollenerkrankung kommen. Zusätzlich wird der Huf immer enger, es entsteht ein sogenannter Zwanghuf. Da aber die Durchblutung des Hufes eingeschränkt ist, zeigen sich Lahmheiten erst im fortgeschrittenen Stadium. Die Pferde laufen mit Eisen also nicht besser, weil die Eisen ihnen helfen, sondern weil sie nicht mehr so viel spüren.
Außerdem wird durch die Eisen die Stoßdämpfung unterbunden, der Stoß der Bewegung geht ungebremst durch den ganzen Pferdekörper. Wenn wir uns als Reiter dieser Umstände bewusst werden und entscheiden, die Eisen abzunehmen, werden wir als Tierquäler bezeichnet, weil die Pferde danach oft Probleme beim Gehen haben, fühlig oder sogar lahm sind. Dass dies ein Heilungsprozess ist, machen sich viele Kritiker nicht klar. Man kann es durchaus mit einem eingeschlafenen Fuß vergleichen. Der kribbelt beim Aufwachen ganz fürchterlich. So ähnlich oder sogar noch schlimmer geht es den Pferden. Dann ist es als Reiter ganz schwer auszuhalten, von allen Seiten die Kritik zu hören und die Vorschläge, doch wieder Eisen zu benutzen.
Mein schlimmstes Stressbild in diesem Buch ist das Aufbrennen eines Eisens auf S. 85. Bei dem Gedanken, was das Eisen bewirkt, bekomme ich fast körperliche Schmerzen. Da ist es auch nicht sinnvoll, diese „wegzuklopfen".

– wenn Barfußpferde die korrekte Hufstellung und -form haben

Der Hufwandwinkel vorn am Vorderhuf soll 45 % und am Hinterhuf 55 % betragen. Sogar in den Lehrbüchern der FN wird das so gefordert. Aber in der Praxis macht das keiner, so dass wir uns schon an eine falsche Hufform mit viel zu langen Trachten gewöhnt haben. Der korrekte Huf sieht für unser Empfinden „falsch“ aus. Wenn die Trachten zu lang sind, mit dem Argument, die hintere Sehne zu entlasten, müssen stattdessen die vorderen Sehnen tragen. Um das Gleichgewicht wieder herzustellen, ziehen die Pferde die Schultern hoch und es kommt zu Verspannungen, die sich über den ganzen Körper erstrecken können. Das wiederum verursacht reiterliche Probleme.
Oft werden auch die Eckstreben mit dem Argument erhalten, dass sie mittragen. Zu lange Eckstreben behindern den Hufmechanismus und bohren sich zusätzlich ins Innere des Hufes, wieder in Richtung Hufrolle.

– wenn Pferde mehr als eine Stunde am Tag bewegt werden

Pferde in freier Wildbahn bewegen sich etwa 16 Stunden am Tag, und darauf ist ihr Körper und ihre Gesundheit eingerichtet. Die eine Stunde Reiten am Tag ist wie ein Tropfen auf den heißen Stein. Auch das Übliche Zehn-Minuten-Laufen-Lassen dient nicht auch nur ansatzweise dem, was Pferde eigentlich brauchen. Viele Erkrankungen sind Bewegungsmangelerkrankungen.
Diese Aufzählung soll nicht mutlos machen oder erschrecken, sondern auffordern, auch traditionell Überliefertes noch einmal zu hinterfragen zum Wohle des Pferdes.
Eine gute Zusammenfassung dieser Zusammenhänge bietet das Seminar: „Ein Pferdeleben lang gesund. Gesunde Hufe ohne Beschlag“, durchgeführt von Peter Speckmaier (S. 170).

Reiki

Wir haben Ihnen im Verlauf des Buches einen Überblick über verschiedene Methoden in der Kinesiologie und Energiearbeit gegeben, die Sie größtenteils für sich alleine anwenden können. Zum Ende wollen wir Ihnen noch einige Erklärungen über Reiki geben. Unsere Erfahrung hat gezeigt, dass diese besondere, sehr einfache Methode der Energiearbeit hochwirksam ist und einen Weg aufzeigt, mit dem wir viel für uns selbst und unser Pferd tun können.
Ende des neunzehnten Jahrhunderts entdeckte der Japaner Dr. Mikao Usui, eine Methode wieder zur Aktivierung der Lebensenergie. Er nannte sie Reiki, was soviel bedeutet wie universelle Lebensenergie. Diese Art von universeller Energie ist uns vor allem aus dem asiatischen Kulturkreis bekannt. Wir finden sie im Tai Chi, im Qi gong, im Aikido, immer wenn es um fließende Bewegungen geht. Und wir finden sie in unserem täglichen Wortschatz: „Ich habe einfach keine Energie mehr, das hat meine Lebensgeister geweckt, das raubt mir meine letzte Energie, ich strotze vor Energie, ich könnte Bäume ausreißen“, sind nur ein paar Beispiele. Ihnen fallen wahrscheinlich selbst noch einige andere ein, mit denen Sie Ihren Energiezustand beschreiben. Wenn wir hier von Reiki sprechen, dann meinen wir das Reiki in der Traditionslinie von Dr. Usui.
Für Reiki brauchen Sie eine sogenannte „Einweihung“, bei der ein Reiki-Lehrer Ihre Energiekanäle öffnet, damit Sie selbst in der Lage sind Energien zu lenken und fließen zu lassen, ohne dass Sie an Ihre eigenen Energiereserven gehen. Das Praktizieren von Reiki führt zu einer Harmonisierung der Energien

in unserem Körper. Und ausgeglichene Energien bedeuten auch, dass wir für den Körper die beste Voraussetzung schaffen, gesund zu bleiben.
In allen Büchern über Reiki, die wir kennen, steht, dass der einmal gebahnte Weg für die Energien immer frei bleibt. Wir haben im Verlauf unserer Arbeit festgestellt, dass trotzdem so etwas wie ein „zugeschütteter Kanal" entstehen kann. Die betroffene Person fühlt dann selbst nichts mehr, wenn sie sich Reiki geben will, oder kann auch nichts mehr weitergeben. Dann müssen die Energieblockaden erst wieder gelöst werden. Mit einer Reikibehandlung, die besonders die Füße und den Kopf einbezieht, fängt die Energie wieder an, deutlicher zu fließen.

Wie wirkt Reiki ?

Reiki wirkt ganzheitlich auf Mensch und Tier. Es lässt sich –wie der Muskeltest auch – nicht nur beschreiben, es muss erfahren und erfühlt werden. Das bedeutet für Pferd und Reiter, dass Sie sich auf eine Ebene jenseits von Worten einlassen. Sie können mit einer Reiki-Einweihung sofort einen Energieausgleich für sich selbst und für Ihr Pferd herstellen.
Reiki wird meist einfach intuitiv angewandt. Als kleine Richtlinie wollen wir hier die wichtigsten Punkte erwähnen, die sich in unserer Arbeit gezeigt haben, und die für Sie ein Ausgangspunkt für weitere Erfahrungen sein können.
Fühlen Sie zuerst einmal Ihren eigenen Körper, oder den des Pferdes, wie er sich anfühlt. Welche Stellen sind wärmer, welche kälter, entspannt, verspannt, wo kribbelt es und welche Assoziationen und Erinnerungen haben Sie bei diesen Empfindungen?
Legen Sie die Hände bei Ihrem Pferd einfach mal an verschiedene Stellen am Kopf: An die Ganaschen, den Hals, zwischen die Augen, ums Maul. Gehen Sie weiter über den Hals zum

Widerrist, lassen Sie eine Hand dabei wandern und eine passende Stelle auf der Wirbelsäule suchen. Beenden Sie die Balance für den Bereich der Wirbelsäule, indem Sie eine Zeitlang den Widerrist und den Schweifansatz halten.
Dann können Sie auch versuchen, eine Balance zwischen oben und unten herzustellen, indem Sie eine Hand unter den Bauch in der Gurtlage halten und die andere Hand am Widerrist. Wie findet Ihr Pferd das? Gibt es da noch mehr Stellen? Suchen Sie, probieren Sie aus. Vergessen Sie dabei die Bauchseiten nicht, und denken Sie auch an die Sattellage.
Beenden Sie jede Balance, indem Sie an den Beinen hinunter zu den Hufen gehen, und dort mindestens eine Minute halten. Dies erdet und fördert den Kontakt zum Boden.
Wenn Sie schmerzende Stellen entdecken, oder eine Verletzung vorliegt, dann können Sie, falls Ihr Pferd unwillig reagiert, wenn Sie direkt auf die Stelle gehen, den Energiefluss herstellen, indem Sie oberhalb und unterhalb der jeweiligen Stelle halten. Halten Sie Ihre Hände nur für einen kurzen Zeitraum auf einer Position, ansonsten ist es besser, die Hände jeweils an verschiedenen Positionen zu halten.
Und was für Ihr Pferd gut ist kann für Sie auch gut sein, ein Versuch kostet nichts.
Das Besondere bei Reiki ist, dass Sie durch den Anschluss an die universelle Lebensenergie aufhören können, immer mit Ihrer eigenen Energie zu arbeiten, die ja doch sehr begrenzt ist. Sie stellen sich als Kanal zur Verfügung, als Vermittler und bekommen durch den Kontakt mit der universellen Energie, die über das 7. Chakra am Scheitel in Ihr Herzzentrum und von da über Ihre Hände zu Ihrem Pferd oder Mitmenschen fließt, auch etwas Energie ab. Es ist der Kontakt zu Ihrem Herz, der dadurch gefördert wird und damit auch die Fähigkeit, auf die Stimme Ihres Herzens zu hören.
Natürlich wird nicht alles auf Knopfdruck gut, und Sie werden

sich weiterhin manchmal leer und ausgebrannt fühlen und spüren, dass Sie keine Energie mehr haben. Aber Sie haben mit Reiki im wahren Sinne des Wortes etwas in Ihren Händen, das Sie immer auf ganz einfache Art und Weise aktivieren können und Sie haben etwas, das Sie wieder in den Kontakt mit der universellen Lebensenergie bringen kann.

Chakrenausgleichsübung

Last but not least möchten wir Ihnen an dieser Stelle noch eine spezielle Übung zum Ausgleich der Chakren vorstellen. Sie wirkt auch ohne Reiki-Einweihung sehr entspannend und ausgleichend und ist sinnvoll morgens vor dem Aufstehen, als Erholung mittags oder abends vor dem Schlafengehen anzuwenden:
Am Angenehmsten ist es, wenn Sie dabei liegen können, es geht aber auch im Sitzen oder Stehen.
Es werden immer zwei der sieben Hauptchakren, die alle auf der Körpermitte liegen, zugleich gehalten, solange, bis ein gleichmäßiges Fließen spürbar ist, oder wenn Sie sich da nicht sicher sind zwei Minuten. Probieren Sie es aus und Sie werden bald selbst wissen welche Dauer gut für Sie ist.
Beginnen Sie mit einer Hand oben auf dem Scheitel (7. Chakra) und der anderen Hand im Schritt (1. Chakra).
Die nächste Position ist das dritte Auge zwischen den Augenbrauen (6. Chakra) und drei fingerbreit unterhalb des Bauchnabels (2. Chakra).
Gehen Sie weiter zum Hals (5. Chakra) und drei fingerbreit oberhalb des Bauchnabels (3. Chakra).
Dann schieben Sie die Hände zueinander auf Herzhöhe (4. Chakra) und halten dort.
Anschließend geht der Weg wieder zurück: 5. und 3. Chakra, 6. und 2. Chakra, 7. und 1. Chakra.
Wenn Sie Zeit haben, dann bleiben Sie einfach noch liegen.

Service

Zum Weiterlesen

Bücher zur Kinesiologie, Klopfakupressur, Reiki und TTouch for you

Ein Wort zuvor:
In vielen Büchern wird der kinesiologische Muskeltest vorgestellt. Es mag der Einen oder dem Anderen mit z.B. physiotherapeutischer oder ähnlicher Erfahrung gelingen, das alleine nachzuvollziehen und sicher anzuwenden. Ansonsten ist Kinesiologie aber eine Methode, die wirklich gelernt werden muss, um sicher angewandt zu werden. Dies ist in Kursen in Instituten über den ganzen Erdball hinweg möglich.
Speziell auf die Bedürfnisse von Pferd und Reiter zugeschnitten, mit der entsprechenden Einführung in den Muskeltest und die Energiearbeit bieten die Autorinnen eigens entwickelte Einführungskurse an. Näheres können Sie auf der Internetseite zum Buch www.kinesiologie-fuer-reiter.de erfahren.

Callahan, Roger/ Callahan, Joanne: **Den Spuk beenden, Klopfakupressur bei posttraumatischem Stress**, VAK 2001
Callahan ist der Begründer der energetischen Psychologie. Dieses Buch zeigt auf und bietet mehr Hintergrund, wie posttraumatische Belastungsstörungen mit Hilfe der Klopfakupressur bearbeitet werden können. Zahlreiche Beispiele illustrieren die Vorgehensweise. Besonders spannend fand ich den Gedanken, dass in der üblichen Psychotherapie durch das wiederholte

Durcharbeiten energetisch eine Retraumatisierung stattfindet. Der Gedanke, dass das nicht mehr nötig ist, ist elektrisierend.

Distel, Wolfgang, Wellmann, Wolfgang: **Das Herz des Reiki, Dai Komio**, Goldmann Verlag 1994
Wenn das, was Sie im Buch über Reiki gelesen haben Ihr Interesse geweckt hat, dann können Sie sich im „Herz des Reiki" näher informieren, was Reiki nun ganz genau ist. Wie sehen diese Einweihungen aus, was können sie bewirken und wie kann Reiki angewandt werden?

Gallo, Fred P. / Vincenzi, Harry: **Gelöst – entlastet – befreit, Klopfakupressur bei emotionalem Stress**, VAK 2001
Dieses Buch ist als Einführung in die Arbeitsweise der energetischen Psychologie gedacht, sowohl für interessierte Laien als auch für professionell arbeitende Therapeuten. Es bietet leicht verständlich eine genaue Anleitung zur Arbeit an unterschiedlichen Themen und Problematiken.

Gallo, Fred P.: **Energetische Psychologie**, VAK 2000
Dieses Buch führt in die Arbeitsweise der energetischen Psychologie ein, basierend auf dem Hintergrund der Herangehensweisen unterschiedlicher psychologischer und psychotherapeutischer Schulen. Es ist sehr spannend geschrieben, erfordert aber schon ein wenig psychotherapeutischen Hintergrund. Ich habe mir eine ganze Nacht um die Ohren geschlagen, weil ich wissen wollte, wie es ausgeht, und bin danach im Haus herumgehüpft, weil sich auf einmal meine Weltsicht neu sortiert hat.

Gallo, Fred P.: **Handbuch der Energetischen Psychotherapie**, VAK 2002
Dieses Buch ist ein zusammenfassendes Handbuch, wie mit

energetischer Psychologie in der Psychotherapie gearbeitet werden kann.

Keding-Pütz, Dr. med Christa: **Gesund durch analytische Kinesiologie, der Muskeltest als Brücke zu ganzheitlicher Heilung**, Jopp Ösch, 3. Auflage 2000
Hier erfahren Sie in einer verständlichen Sprache, was der Muskeltest ist, welche Möglichkeiten er bietet. Viele Themen werden angesprochen, von Zähnen, Narben und Krankheitsursachen. Die Medizinerin berichtet auch über Heilungsgeschichten aus ihrer Praxis.

Krüger, Dr. Isa : **Praxisbuch Kinesiologie, Energie für Körper und Seele**, Südwest, 3. Auflage 2002
Ein sehr ausführliches, gut illustriertes Buch, das ein umfassendes Verständnis von Kinesiologie vermittelt. Es bietet viele praktische Übungen und Erklärungen auch speziell für Kinder und Anleitungen wie Sie Energieblockaden herausfinden können.

Stokes, Gordon/Whiteside, Daniel: **Tools of the Trade**, VAK 6. Auflage 1997
Mit diesem Workshop-Buch – das erste der Ausbildungsreihe von „Three-In-One-Concepts“ erfahren Sie alles Wichtige, was Sie über das Muskeltesten wissen sollten. Neben interessanten Beiträgen wird das Verhaltensbarometer ausführlich vorgestellt sowie verschiedene Techniken zur Stressreduzierung erklärt. Ein ideales Buch zum Einstieg in die Kinesiologie. Viele Probleme kann man leicht selbst bearbeiten.

Tellington-Jones, Linda: **TTOUCH for you, Gesundheit und Wohlgefühl mit dem Tellington-Touch**, Kosmos Verlag 2003
Was Pferden gut tut, hilft auch Ihnen! TTouches beruhigen und

entspannen, lindern Ängste, Beschwerden und Schmerzen, erzeugen Wohlgefühl und Sicherheit. Ein neuer Weg für sanfte, hautnahe Kommunikation, intensiven und angenehmen Kontakt und liebevolle Zuwendung.

Bücher zum lebenswichtigen Thema Wasser

Batmanghelidj, F.: **Wasser – die gesunde Lösung, ein Umlernbuch**, VAK, 11. Auflage 2002
Batmanghelidj ist ein sehr überzeugter Vertreter der Sorte „Wassertrinker". Wenn Sie sich wirklich entschließen wollen, mit dem Wassertrinken anzufangen und dafür noch eine Unterstützung brauchen, dann sind Sie mit dem Umlernbuch richtig. Ein eindringlich geschriebenes Buch mit physiologischen Hintergründen und Erfahrungsberichten. Es würde auch den Titel verdienen „Endlich Wassertrinker!".

Hendel, B. Dr.med./ Ferreira, P.: **Wasser und Salz**
Möchten Sie sich mehr mit den beiden Urelementen Wasser und Salz beschäftigen und lesen Sie auch gerne gut aufgemachte und schön bebilderte Bücher? Dann finden Sie in diesem Buch viel Lesenswertes, wie Sie sich auf den Weg zur Gesundheit begeben und mit Wasser und Salz die Balance von Körper und Seele unterstützen können.

Bücher für Pferd und Reiter

Hempfling, Klaus Ferdinand: **Wenn sich Pferde offenbaren, Von der ersten Begegnung bis zum Freund fürs Leben**, Kosmos Verlag 2003
Nicht die Rasse ist entscheidend für das Wesen eines Pferdes, sondern sein ureigenster Charakter. In diesem Buch stellt der Autor 26 Charaktergruppen ausführlich vor und beschreibt die Besonderheiten dieser Pferde, wie man mit ihnen am besten arbeitet und welcher Mensch zu ihnen passt. Nichts ist span-

nender als herauszufinden, ob das eigene Pferd ein „Einhorn“, ein „Prinz“, eine „Taube“ oder ein „Zigeuner“ ist.

Lind, Carola / Müller, Karin: **Der sechste Sinn, Zwiesprache mit Pferden**, Kosmos Verlag 2001
Dieses Buch beschreibt die Arbeit der schwedischen Tierdolmetscherin Carola Lind. Dabei stützt sie sich unter anderem auf die Möglichkeiten der Tiertelepathie, die sie mit einer Fülle von Beispielen beschreibt. Sie bietet außerdem eine Anleitung, kleine Experimente und Erfahrungen selbst zu machen.

McBane, Susan / Davis, Caroline: **Alternative Heilmethoden für Pferd und Reiter**, Kosmos Verlag 2001
Von Aromatherapie über Biofeedback, Feng Shui bis Yoga für Reiter finden Sie hier über 60 natürliche Heil- und Trainingsmethoden für Pferd und Reiter übersichtlich und gut illustriert erklärt.

Meyerdirks-Wüthrich, Ute: **Bachblütentherapie für Pferde**, Kosmos Verlag 1998
Dieses kompakte und sehr schön geschriebene Buch zeigt auf, wie Pferde mit Hilfe von Bachblüten behandelt und unterstützt werden können. Das Besondere daran ist, dass auch der Reiter mit in die Behandlung einbezogen wird.

Rakow, Michael, Dr. med.vet.: **Die homöopathische Stallapotheke**, Kosmos Verlag 2002
Dieses Buch bietet in kompakter Weise eine Einführung in die Homöopathie für Pferde. Es werden unterschiedliche Krankheitsbilder mit ihrer Behandlung vorgestellt. Außerdem beinhaltet es noch eine ausführliche Übersicht über die verschiedenen homöopathischen Mittel.

Strasser, Hiltrud: **Was spricht eigentlich gegen Hufbeschlag?**, 1. Auflage 2000
Dieses wirklich gut aufgearbeitete Buch beschäftigt sich mit den Auswirkungen des Hufbeschlages. Es beginnt mit einem geschichtlichen Überblick, wie es dazu gekommen ist, dass die Pferde beschlagen werden. Des weiteren werden aktuelle Lehrbücher untersucht. Besonders einleuchtend wird der Aufbau des Hufes und sein Mechanismus beschrieben. Daraus werden die Folgen des Beschlages für das Pferd dargestellt mit den Krankheiten, die daraus resultieren. Fazit: Es geht nur „ohne".

Tellington-Jones, Linda: **Die Persönlichkeit Ihres Pferdes, Die Kunst, Charakter und Temperament Ihres Pferdes zu bestimmen und positiv zu beeinflussen**, Kosmos Verlag 2003
Dieses einzigartige und seit Jahren erfolgreiche Buch hat weltweit viele Pferdefreunde dazu inspiriert, Ihre Pferde mit ganz anderen Augen und neuem Interesse zu betrachten. Dabei geht es vor allem darum, die vielleicht noch unentdeckten Möglichkeiten und positiven Veranlagungen des Tieres zu erkennen und zu fördern.

Tellington-Jones, Linda: **TTEAM und TTouch für Pferde, Der sanfte Weg zu Gesundheit, Leistung und Wohlbefinden**, Kosmos Verlag 2002
Das Praxisbuch beschreibt in übersichtlicher Form alle Tellington-TTouches und alle Übungen aus der TTEAM-Bodenarbeit. Da möchte man noch während des Lesens gleich in den Stall und seinem Pferd Gutes tun.

Nützliches Internet

Internet über das Buch

www.kinesiologie-fuer-reiter.de
Diese Internetseite bietet eine kurze Zusammenfassung der Arbeit, der Übungen, sowie Kursangebote der Autorinnen. Hier werden auch oft gestellte Fragen beantwortet.

Internet von Ilona Kröger

www.klopfakupressur.de
Internetseite, auf der die energetische Psychologie und die Methoden der Klopfakupressur genauer beschrieben sind.
www.reittherapie.org
Internetseite über die Vorgehensweise und die Möglichkeiten des therapeutischen Reitens bei Ilona Kröger.
e-mail: Info@ilona-kroeger.de

Internet von Christine Kutsch

www.stress-adieu.de
Auf dieser Seite finden Sie die Angebote von Christine Kutsch rund um die Kinesiologie, Stressmanagement und Sportphysiotherapie.
e-mail: info@stress-adieu.de

Internet über die energetische Psychologie

www.energypsych.com
Die amerikanische Internetseite von Fred P. Gallo mit autorisierten Anwendern von EdxTM in Deutschland und weltweit.

www.willigaupp.de
Die Internetseite zu den Holztieren, mit denen auch Stressablösungen gemacht werden können, von denen im Buch berichtet wurde.

Internet über Hufpflege

www.speckmaier-hufe.de
Eine Einführung rund um den Huf, auch Erfahrungsberichte über die Umstellung auf „barhuf", und rund um die Chiron-Methode. Hier erfahren sie auch die aktuellen Kurstermine für das Seminar: Ein Pferdeleben lang gesund.

www.vdhp.de
Die Internetseite vom Verband der Hufpfleger und Hufheilpraktiker

Nützliche Adressen

FS Reitzentrum Reken
Frankenstr. 37
48734 Reken
Tel. 0 28 64 - 24 34
Fax 0 28 64 - 58 60
www.fs-reitzentrum.de

TTEAM Deutschland / Schweiz
Bibi Degn
Hassel 4
D- 57589 Pracht
Tel. 0 26 82 – 88 86
Fax 0 26 82 – 66 83
e-mail: gilde@tteam.de
www.tteam.de

TTEAM Österreich
Martin Lasser
Spitalgasse 7
A – 2549 Bad Vöslau / Gainfarn
Tel. 0043 / (0)6 64 – 1 25 02 52
a-mail: tteam.office@aon.at
www.tteamoffice.at

Vereinigung der Freizeitreiter in Deutschland e.V. (VFD)
Am Bauernwald 5b
81739 München
Tel. 0 89 - 60 60 81 68
Fax 0 89 - 60 60 81 23
www.vfdnet.de

TT.E.A.M.® News International, der sehr empfehlenswerte Newsletter mit Linda Tellington-Jones und aktuellen Informationen und Artikeln zu TTouch und TTEAM, erscheint 4x im Jahr auf Deutsch und kann über www.tteam.de bestellt werden.

Register